yh 3488

Paris
1837

Schiller, Frederich von

Poésies

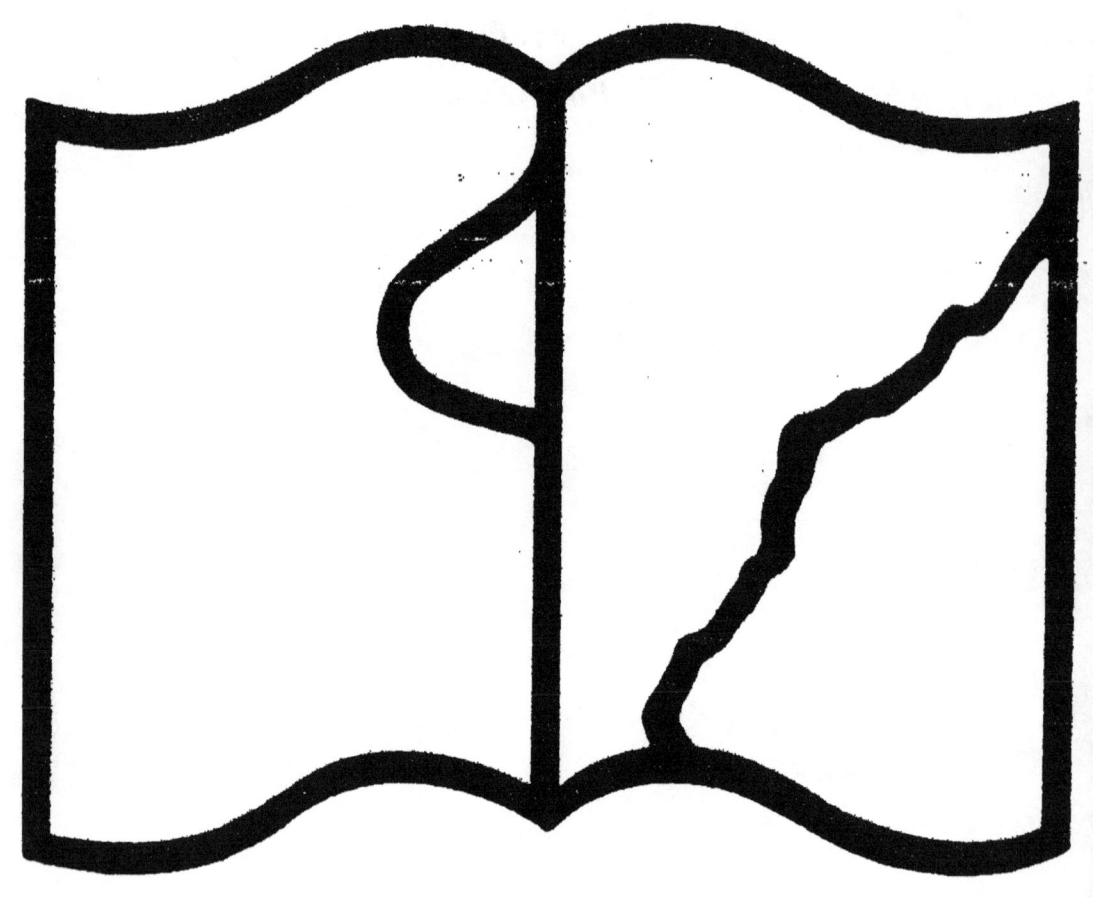

Symbole applicable
pour tout, ou partie
des documents microfilmés

Texte détérioré — reliure défectueuse

NF Z 43-120-11

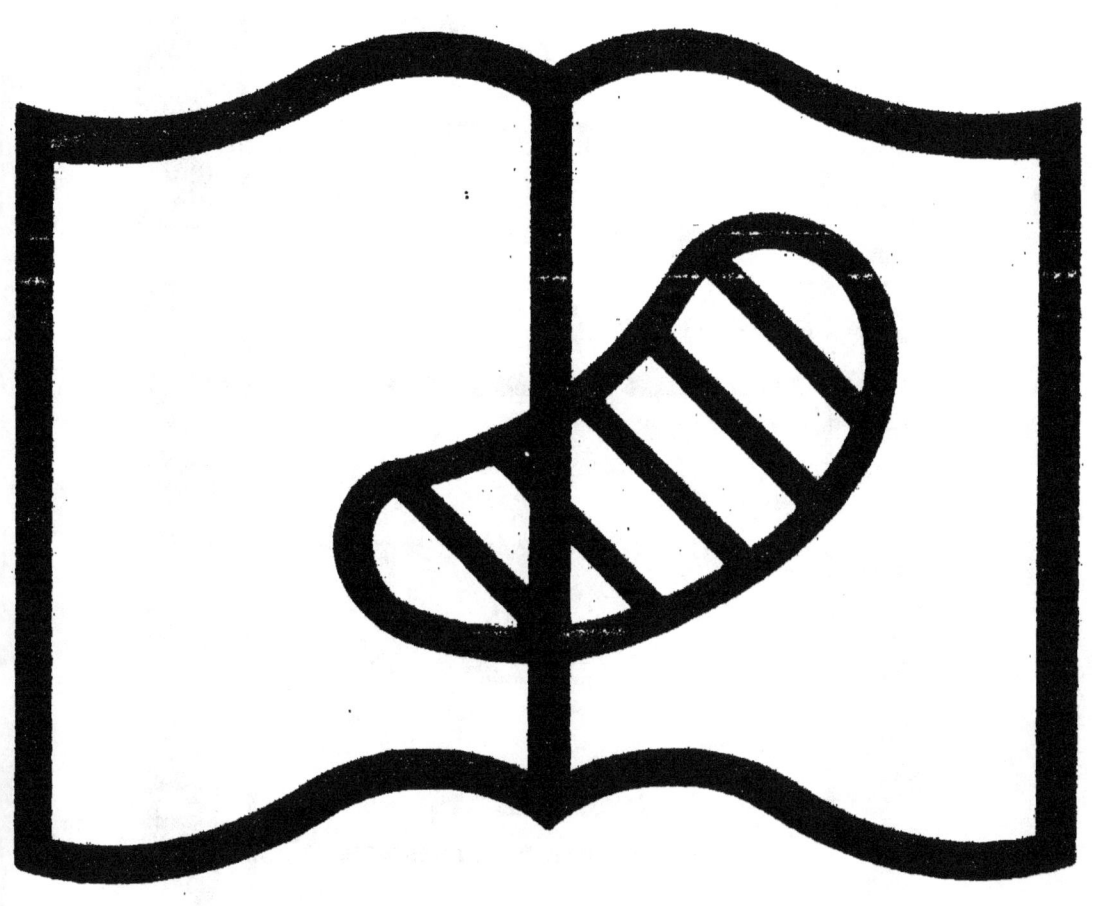

**Symbole applicable
pour tout, ou partie
des documents microfilmés**

Original illisible

NF Z 43-120-10

POÉSIES

DE

SCHILLER,

traduites de l'allemand;

SUIVIES

D'AUTRES ESSAIS POÉTIQUES

PAR

C. PH. BONAFONT.

STUTTGART,
LIBRAIRIE DE F. F. AUTENRIETH.

1837.

Y

POÉSIES

DE

SCHILLER,

traduites de l'allemand;

SUIVIES

D'AUTRES ESSAIS POÉTIQUES

PAR

C. PH. BONAFONT.

STUTTGART,
LIBRAIRIE DE F. F. AUTENRIETH.

1837.

QUELQUES MOTS AU LECTEUR.

Si dans un temps peut-être trop fécond en nouvelle littérature, une traduction des plus belles poésies de *Schiller* ne saurait avoir un succès digne de ce grand poète, tous les lettrés, connaissant la différence très-sensible qui existe entre les langues française et allemande, conviendront du-moins, que la flexibilité et la richesse de la dernière doivent ajouter à l'embarras de tout traducteur qui, en voulant se contenter soi-même, voudrait aussi ne pas mécontenter les Allemands familiarisés avec la langue française, en sacrifiant ou en négligeant quelqu'une des beautés dans les poésies d'un auteur adoré*) dont les œuvres sont dans toutes les mains, car *Schiller* était en effet le poète *national*, comme *Goethe*, moins populaire et moins à la portée de la majorité, parcequ'il était plus élevé, était celui des philosophes, ou pour mieux dire, de la *philosophie* de son siècle.

Traducteur des poésies suivantes et de quelques autres qui les ont devancées, j'ai dû borner mon choix à un petit nombre; il a surtout fallu m'attacher de préférence à celles qui, telles que les *ballades*, m'ont paru plus rapprochées du génie de la langue française. C'eut en effet été une tentative évidemment inutile que de vouloir rendre en vers p. ex: la „*résignation*" ou toutes autres poésies de ce genre dont il a paru d'ailleurs à Paris des traductions *en prose*.

---

*) On sait que *Schiller*, honoré de son vivant de toutes les cours de l'Allemagne, l'était particulièrement de celle de Weimar, où il habitait et où il mourut le 5. Mai 1805. Mais peu de temps avant la maladie qui le ravit au monde dans un âge encore peu avancé, *Schiller* ayant exprimé le désir de pouvoir passer le reste de ses jours à *Berlin*, la munificence vraiment *royale* d'un Prince, protecteur des sciences et des arts, voulut lui assurer une pension de 5000 *écus* et l'usage gratuit d'un équipage de la cour. L'Allemagne n'a eu connaissance de ces généreuses dispositions en faveur de son poète favori, que par l'avis qu'en a donné dans le temps feu le grand-chancelier de *Beyme* dans *la gazette littéraire de Halle*.

Une étude constante, peut-être même approfondie de l'une et de l'autre langue, m'a convaincu, qu'en général la poésie allemande, aussi riche en expressions choisies qu'en tableaux variés, ne saurait-être restreinte dans l'espace limité de la poésie française. Il faudrait sacrifier trop de belles pensées; il faudrait laisser dans l'ombre trop de belles images, comparaisons nobles et poétiques, pour lesquelles la langue française manque même d'expressions.

Les œuvres de *Schiller* ont à la vérité trouvé plusieurs traducteurs. Ses „*Brigands*," pièce bien qu'immorale, mais dans laquelle on ne saurait méconnaître les prémices d'un génie original et souvent sublime, ont été traduits dès 1793 par *Lamartellière*; „*Don Carlos*" a été littéralement traduit en prose par *Adrien Lezay*. Les deux parties de „*Wallenstein*", mutilées, ont été fondues en une seule tragédie par *Benjamin Constant de Rebecque*. *Fiesque* a de même été, non pas traduit, mais imité en 1824 dans une tragédie par *Ancelot*. Enfin il n'y a guère que „*Marie Stuart*," traduite par *Lebrun* de l'académie, qui puisse soutenir une comparaison avec l'original.

Je le répète: s'il est déjà assez difficile de traduire en *prose* d'une langue aussi riche, aussi illimitée que l'allemande, dans une autre où la phrase est plus directe, plus circonscrite, et toujours assujétie aux règles sévères d'une construction souvent trop uniforme; combien ces difficultés ne se multiplient-elles pas, alors qu'il s'agit de traduire *vers* pour *vers* *) une poésie sublime d'une langue abondante en expressions hardies, en une langue moins riche et laquelle manque souvent de mots pour rendre le génie de l'auteur original?

Quiconque est familiarisé avec les langues française et allemande, sait qu'il y a un ordre d'idées et un caractère d'expressions qui font à l'instant sentir la différence du génie des deux langues.

Mais en voilà déjà dit beaucoup de trop en tête de poésies dont plusieurs font partie de mes „*Lectures amusantes et instructives, à l'usage des amateurs de la langue française*" et qui ont paru en 1831. Je les réunis ici *revues et retouchées*, en y ajoutant quelques autres *essais poétiques* pour lesquels je réclame l'indulgence du lecteur.

---

*) Tel que Schiller a su traduire en allemand la *Phèdre* de Racine.

AUX MÂNES DE SCHILLER.

(Vers envoyés par l'auteur dans *l'album* de Schiller
qui paraîtra à l'occasion du monument qui
va lui être élevé.)

  Les dieux, en t'appelant au séjour éternel,
Schiller, nous ont laissé ton génie immortel;
Il règne en tes écrits, monumens de ta gloire,
Ton nom, inscrit au temple de mémoire,
  Héritage de la postérité,
Par les siècles arrive à l'immortalité.

I.

POÉSIES
DE
SCHILLER.

I.

L'ÉTRANGÈRE.

Dans un riant vallon, chez de pauvres bergers,
Chaque nouveau printemps, au chant de Philomèle,
On voyait arriver des climats étrangers
Une nymphe à la fois jeune, imposante et belle.

On ignorait le lieu qui lui donna le jour ;
Aucun d'eux ne voyait sa soudaine arrivée,
Et jamais à leurs yeux sa fuite sans détour
Ne décelait les pas qui l'avaient enlevée.

Son abord souriant répandait le bonheur,
Le cœur se dilatait à sa douce présence ;
Mais un regard céleste, un air plein de grandeur,
Eloignaient l'indiscret, trop plein de suffisance.

Elle apportait en dons aux bergers de ces lieux,
Et les fleurs et les fruits d'une terre étrangère ;
Leur éclat, leur beauté, qui charmaient tous les yeux,
Ne flétrissaient jamais et ne cessaient de plaire.

Chacun pouvait jouir des faveurs de ses dons,
Elle en faisait à tous le gracieux partage ;
Les jeunes, les vieillards, vivant dans ces cantons,
Tous retournaient heureux au sein de leur ménage.

Mais quand, pour recevoir sa part à ses présens,
Un couple plein d'amour allait au-devant d'elle ;
Alors on la voyait donner à ces amans
De ses fruits les plus doux, de ses fleurs la plus belle.

II.

LE SECRET.

Aucun propos n'a trahi sa tendresse;
Trop de regards suivaient ses mouvemens;
Mais dans ses yeux, mon cœur rempli d'ivresse
Sut deviner ses secrets sentimens.
C'est entouré des charmes du mystère
Que je me rends sous ces sombres ormeaux,
Charmant bosquet! cache à toute la terre
De deux amans les feux toujours nouveaux.

De loin j'entends la ville qui résonne
Sous le fracas de son activité ;
Le choc confus d'un peuple qui bourdonne
Se mêle au bruit du marteau cadencé.
Par ses travaux l'homme arrache avec peine
Quelques faveurs à l'avare destin ;
Mais le bonheur, ennemi de la gêne,
Est fils des dieux, et se montre soudain.

Ah ! que jamais le monde ne connaisse
De nos amours le charme ravissant ;
Du vrai bonheur méconnaissant l'ivresse,
Il trahirait le plus doux sentiment :
L'amour heureux, que sans cesse il épie,
Est un trésor qu'il faut lui dérober ;
Cache donc bien à sa jalouse envie
Les doux momens où tu peux le goûter.

C'est en secret que le plaisir s'avance,
Il marche seul, entouré de la nuit ;
Que le soupçon le suive ou le devance,
Dès-lors soudain il s'échappe et s'enfuit.
O frais ruisseau, source limpide et pure !
Forme un torrent menaçant, furieux,
Qui, repoussant la cruelle imposture,
Ferme à jamais l'enceinte de ces lieux.

III.

LA RENCONTRE.

Oui, je la vois encore, éclipsant les attraits
Des beautés de la cour, qui la suit et l'admire !
Un jour resplendissant brillait sur tous ses traits ;
Je n'osais l'approcher, craignant trop son empire.
Son regard enchanteur, adorable, imposant,
D'un effroi plein d'extase, à mon ame en délire
Inspira tout-à-coup un charme ravissant,
Et mes doigts incertains volèrent sur ma lyre.

Ce que j'ai ressenti dans ces divins momens
Est comme un heureux songe, effacé de mon ame ;
Un organe nouveau donnait à mes accens
Le ton et la clarté de la plus pure flamme :
Plein de vagues désirs, mon cœur comme égaré
Soudain brisa les fers d'une longue apathie ;
Dégagé des liens qui l'avaient enchaîné,
Il rendit avec feu des sons pleins d'harmonie.

Mais lorsque, réveillé de ce songe enchanteur,
Je revins à moi-même, après un long silence,
Qu'éprouvai-je, en voyant l'amour et la pudeur
De ses regards troublés relever l'innocence ?...
Quand ces mots ravissans, en m'égalant aux Dieux,
Transportèrent mon ame au séjour d'Olympie !
Ah ! me dis-je, un instant qu'on passe dans les cieux,
Ne se retrouve plus qu'au-delà de la vie !

„Un cœur fidèle et pur qui cache ses désirs;
Qui, discret, se consume et garde le silence;...
Ah ! je sens tout le prix de ses secrets soupirs,
Et du sort je saurai réparer l'ignorance,
Le plus précieux don vengera tous ses torts ;
L'amour seul est le prix d'une vive tendresse,
Et pour un cœur discret le plus grand des trésors
Est un cœur qui répond à sa céleste ivresse."

IV.

HÉRO ET LÉANDRE.

Voyez-vous ces châteaux antiques
Qui se regardent fièrement,
Dorés par les reflets magiques
Des rayons du soleil couchant?
Entendez-vous des Dardanelles
Rouler les vagues éternelles?
L'abîme de ce sombre bord,
Séparant l'Europe et l'Asie,
N'a pu séparer dans la vie
Deux cœurs unis jusqu'à la mort.

Héro, d'Hébé brillante image,
Léandre, valeureux chasseur,
Ardens, comme on l'est au jeune âge,
Furent frappés du trait vainqueur,
Funeste autant qu'irrésistible.
De ce couple aimable et sensible,
La discorde au cœur ulcéré
Séparait l'un et l'autre père;
Et de l'amour le doux salaire
S'offrait, de dangers entouré.

Sur un roc où la mer se brise,
S'élèvent les tours de Sestos.
Là, seule, tristement assise,
Héro contemplait Abydos :
De son ami c'est la demeure :
Ses vœux l'appellent à toute heure.
Mais vers ce rivage lointain,
Nul pont hardi qui pût conduire;
Il n'en sortait aucun navire;
L'amour pourtant s'ouvre un chemin.

Il donne au fort prudente crainte,
Du faible il enhardit le cœur;
Par lui Thésée au Labyrinthe
Est muni du fil conducteur.
Des forêts les hôtes farouches,
Les taureaux aux brûlantes bouches,
Les noires eaux de l'Achéron,
Le Styx lui-même ne l'arrête,
S'il va tirer ce qu'il regrette
Du sombre manoir de Pluton.

Léandre, nageur intrépide,
Se sent inspiré par l'amour;
Un feu, pour lui servir de guide,
S'allume sur la haute tour
De la rive, à son cœur si chère.
Dès que l'ombre a couvert la terre,
Il s'élance au sombre canal :
D'un bras vigoureux il fend l'onde,
Et ses yeux dans la nuit profonde
Sont attachés sur le fanal.

Oh! que l'amour le dédommage
D'un long et périlleux effort!
Qu'il sait bien payer son courage,
Et qu'il lui fait bénir son sort!
Oh! que les deux amans encore
Voudraient tarder! Mais quand l'aurore
De ses feux fait briller les flots,
Léandre, sans que rien l'arrête,
Des bras du tendre amour se jette
Au sein glacé des noires eaux.

Trente fois, en dissipant l'ombre,
Le soleil trompa leurs désirs;
Trente fois, sous son voile sombre,
La nuit vint cacher leurs plaisirs :
Plaisirs que la contrainte anime,
Cueillis sur le bord de l'abîme,
Rendus plus vifs par la terreur.
Quiconque en un riant asile
Aime et jouit toujours tranquille,
N'a point connu le vrai bonheur.

Les jours fuyaient. Hesper, l'aurore
Dans les eaux brillaient tour à tour;
Et les amans pensaient qu'encore
Pour eux se suivraient nuits d'amour.
Bien loin de songer aux tempêtes
Dont l'hiver menaçait leurs têtes,
En voyant les feuilles jaunir,
Dans l'ivresse où leur cœur se noie,
Tous deux ne sentent qu'avec joie
Le cercle des jours s'accourcir.

Mais déjà régnait la balance *).
En longueur à la nuit pareil,
Le jour rapidement s'avance
Dans le char brillant du soleil.
Sur le roc, attendant Léandre,
Héro voit les coursiers descendre.
Son cœur bat de joie et d'espoir.
La nature est en paix profonde,
Toute la surface de l'onde
Présente un pur et clair miroir.

---

*) C'est la constellation.

Des dauphins la troupe joyeuse
Bondissait au-dessus des eaux,
Une autre troupe plus nombreuse
De noirs sillons fendait les flots.
C'est de Thétis la grande armée,
D'animaux divers parsemée.
Seuls témoins vivans, mais muets,
D'une clandestine tendresse,
La triple Hécate enchanteresse
A fermé leur bouche à jamais.

Quel doux aspect pour une amante!
Tout lui sourit dans l'univers.
D'une voix flatteuse et charmante,
Héro s'adresse au dieu des mers:
„Pourrais-tu tromper la tendresse
De ma confiante jeunesse?
Qui le dirait, serait menteur.
Mon père est cruel, inflexible;
Mais toi, tu t'es montré sensible
Aux souffrances d'un tendre cœur."

„Ici, dans ces tours solitaires,
Il faudrait vivre sans aimer,
Et parmi les ennuis austères
Voir mes beaux jours se consumer:
Mais c'est toi, protecteur fidèle,
C'est toi qui, sans pont, sans nacelle,
M'amènes l'objet de mes vœux;
Et tes profondeurs redoutables,
Et tes flots souvent indomptables,
Tout cède à l'amour courageux."

„Ce dieu, le vainqueur de la terre,
De sa chaîne a su te lier,
Hellé, fuyant avec son frère,
Osa monter sur le bélier.
Le bélier s'élança dans l'onde;
Tu vis de ta grotte profonde
La beauté que portaient les flots;
Tu la vis, tu devins sensible;
Soudain ton bras irrésistible
La ravit au fond de tes eaux."

,,Dès ce jour, heureuse immortelle,
Hellé, regnant à tes côtés,
Favorable à l'amour fidèle,
Plaint les amans persécutés,
Et tu permets à sa tendresse
D'adoncir ta vive rudesse.
Hellé, daigne écouter ma voix:
Belle Hellé, c'est toi que j'implore,
Que mon amant parvienne encore
Au but qu'il gagna tant de fois."

Héro voit les ombres descendre,
Et court allumer le fanal
Dont les feux à son cher Léandre
Servent de guide et de signal.
Mais quoi! déjà sur le rivage
On entend d'un lointain orage
Les bruits, sinistres précurseurs.
La mer frémit, et les étoiles
Se cachent sous de sombres voiles;
L'air est tout chargé de vapeurs.

Bientôt dans la nuit ténébreuse
Brillent d'éblouissans éclairs;
Bientôt une pluie orageuse
Tombe en torrens du haut des airs,
Les vents déchaînés, les tempêtes,
Sortant de leurs grottes secrètes,
Bouleversent les élémens,
Et, pour engloutir ses victimes,
La mer entr'ouvre des abîmes,
Comme gueules d'enfer béans.

,,Malheur, dit Héro consternée;
Malheur à moi! Grand Jupiter,
Prends pitié d'une infortunée,
Calme la fureur de la mer.
En mes vœux qu'ai-je osé prétendre?
Hélas! le départ de Léandre;
Et je vois fuir l'oiseau marin;
Et déjà tout pilote sage,
Prévoyant un prochain naufrage,
Vers le port se fraie un chemin.

„Je le sais, son cœur intrépide
Aura bravé l'affreux danger.
Des sermens où l'amour préside
La seule mort peut dégager.
Il voudra me tenir parole,
Et contre la fureur d'Éole
Sans doute, hélas! en cet instant
Il lutte, et l'horrible tempête
De vagues recouvrant sa tête,
Vers l'abîme va l'entraînant."

„O mer! ta surface limpide
Ne nous cachait que trahison.
Séduit par ton calme perfide,
Il s'élance avec abandon;
Mais vers le rivage paisible
Quand le retour n'est plus possible,
Tu lâches sur lui tes terreurs:
Et son espérance trahie
Du dernier moment de la vie
Redouble pour lui les horreurs."

„Mais quoi! la tempête augmente;
Les vagues montent jusqu'aux cieux.
Sur les rocs la mer écumante
Rejette ses flots furieux.
Là, malgré leurs côtes de chêne,
Contre les écueils de l'arène
Se brisent les plus forts vaisseaux;
Ici le fanal salutaire
S'éteint. La terreur sur la terre
Domine comme sur les eaux.

Héro pour-lors à Vénus crie,
Et la conjure à deux genoux
De calmer la mer en furie,
D'apaiser des flots le courroux.
Elle promet au noir Borée
Un bœuf à la corne dorée:
Ses vœux parcourent l'univers.
Elle invoque dans son délire
Tous les dieux du céleste empire,
Ceux de la terre et des enfers.

„Daigne sortir, ô Leucothée,
De ton empire verdoyant,
Toi qui tant de fois es monté
Au vaste désert ondoyant
Pour sauver d'un affreux naufrage
Le marin surpris par l'orage;
Tends à mon amant ce tissu,
Ce voile, ouvrage du mystère,
Qui des eaux ramène à la terre
Ceux qui de ta main l'ont reçu."

Voilà qu'enfin les vents se taisent;
Voilà que le ciel s'éclaircit,
Et la mer, dont les flots s'apaisent,
Paisiblement rentre en son lit.
Dans l'air, dans les eaux tout s'apprête,
Après la cruelle tempête,
A se réjouir d'un beau jour.
Jouant sur la plage sereine,
Sa vague doucement amène
Un cadavre au pied de la tour.

C'est lui qui, porté par la brise,
Semblait vouloir garder encor,
Tout mort qu'il est, la foi promise.
Héro l'a reconnu d'abord;
Héro n'a ni plaintes, ni larmes,
Et, dans ses muettes alarmes,
Ses regards vont chercher les cieux.
Tout à coup, un penser *) rapide
Faisant fuir sa pâleur timide,
Elle apostrophe ainsi les dieux:

„C'est vous, puissances inflexibles,
Qui exercez vos droits cruels.
Je reconnais vos coups terribles,
Et déjà parmi les mortels,
C'est fait, ma carrière est fermée.
Pourtant j'aimai, je fus aimée,
Je fus heureuse, au moins un jour.
Soit dans la mort, soit dans la vie,
Je t'aurai constamment servie,
O Vénus, ô Reine d'amour!"

*) Licence poétique, au lieu de: *une pensée*.

Héro dit, et soudain s'élance.
Un court instant, flottant dans l'air,
Son blanc vêtement se balance,
Puis disparaît comme un éclair.
L'eau s'entr'ouvre et laisse descendre
Son corps et celui de Léandre...
Sur ces modèles des amans
Le dieu qui seul leur sert de tombe,
Depuis ce jour s'élève et tombe
En flots sans cesse renaissans.

V.

LE PLONGEUR.

„Qui parmi vous, soit chevalier, soit page,
Ma coupe d'or bien voudrait conquérir?
En ce noir gouffre au-delà du rivage,
Ma main la jette, elle va s'engloutir.
Si quelque preux descend et la rapporte,
Elle est à lui, je consens qu'il l'emporte."

Ainsi du haut d'une roche élancée
Qui dominait l'immensité des mers,
Le roi parlait, et la coupe lancée
Tombe en Carybde, en ses gouffres ouverts;
Puis il redit: „Nul guerrier magnanime
N'ose-t-il donc se plonger dans l'abîme?"

Autour de lui les chevaliers et pages,
Tout consternés, sont demeurés sans voix,
Fixant la mer et les rochers sauvages,
N'osant entendre à de si dures lois.
Le roi, malgré cette humble résistance,
Jusqu'à trois fois son appel recommence.

Lors de la troupe effarée et muette
Sort un jeune homme au maintien fier et doux;
Son manteau tombe, et son écharpe il jette.
Son noble aspect est admiré de tous.
Dames, seigneurs, la foule du rivage,
Tous ont les yeux fixés sur le beau page.

Lui, s'avançant sur la roche pendante,
Le sombre abîme il contemple de là;
C'est le moment où Carybde écumante
En mugissant rend l'eau qu'elle avala.
Des profondeurs de cet affreux repaire
L'eau rejaillit avec bruit de tonnerre.

Comme on entend craquer, bouillonner, bruire!
Semble-t-il pas que le feu prend aux eaux?
Jusques aux cieux l'onde fumante aspire,
Et sur les flots se pressent d'autres flots.
Semble-t-il pas, ô mer inépuisable,
Que tu voudrais enfanter ta semblable!

Faut bien qu'enfin ce fracas s'adoucisse,
En se fendant l'écume laisse voir
Les noirs lambris de l'affreux précipice,
Qui de l'enfer semble être le couloir.
Par le reflux les vagues amenées
Dans le tournant descendent entraînées.

De réussir voyant l'unique chance,
Voulant du flux prévenir le retour,
En priant Dieu, le jeune homme s'élance;
Un cri d'effroi retentit à l'entour.
Sur le nageur, courageuse victime,
Tu t'es fermé, mystérieux abîme!

Du gouffre enfin la surface est tranquille;
Mais un bruit sourd s'entend au fond des eaux,
Et mille voix répètent à la file:
„Pour toujours donc adieu, jeune héros!"
De plus en plus le bruit est sourd; l'attente
A chaque instant devient plus déchirante.

Quand tu devrais y jeter ta couronne,
Et la céder à qui l'irait quérir,
Roi, ne crois pas que ni sceptre ni trône
A pareil prix l'on voulût conquérir.
Aucun vivant vint-il jamais redire
Les profondeurs de ce lugubre empire?

Combien de fois, dans ces gouffres énormes,
N'a-t-on pas vu navires enfoncés
N'en ressortir que par débris difformes,
Et quille et mâts par morceaux fracassés.
Voilà qu'un bruit semblable à la tempête
De plus en plus s'approche et se répète.

„Comme on entend craquer, bouillonner, bruire!
Semble-t-il pas que le feu prend aux eaux?
Jusques aux cieux l'onde fumante aspire,
Et sur les flots se pressent d'autres flots.
Des profondeurs de cet affreux repaire
L'eau rejaillit avec bruit de tonnerre."

Mais quoi! Grand Dieu! sur la vague noirâtre,
Quel corps paraît éclatant de blancheur!
On voit briller un bras, un cou d'albâtre,
C'est lui, c'est lui qui nage avec vigueur.
Dans sa main gauche, au-dessus de sa tête,
Portant la coupe, admirable conquête.

Comme il reprend profondément haleine
En saluant la lumière des cieux!
„C'est lui, c'est lui que la mer nous ramène!"
De tous côtés dit-on d'un air joyeux.
Du noir tombeau de Carybde en furie
Le brave a su sauver sa jeune vie.

Il vient, suivi de la foule bruyante,
Présente au roi la coupe à deux genoux;
Le roi fait signe à sa fille charmante;
Et dans la coupe un vin brillant et doux
Est jusqu'aux bords versé par la princesse,
Puis en ces mots le page au roi s'adresse :

„Vive le Roi bien-heureux qui respire
A la faveur de la clarté des cieux!
Qu'il est affreux le souterrain empire!
Que nul ne veuille, osant tenter les dieux,
Voir les objets que leur main généreuse
A recouverts d'une horreur ténébreuse."

„D'un mouvement l'éclair serait moins vite;
Je suis saisi, j'allais au fond de l'eau;
Du creux d'un roc sur moi se précipite
Un courant vif, un tourbillon nouveau;
Et moi, jouet d'une double puissance,
Je périssais sans soutien ni défense."

„Mais Dieu, vers qui dans ce péril je crie,
Vient m'arracher à l'horreur de mon sort.
D'un rocher noir j'aperçois la saillie,
Et je l'embrasse, et j'échappe à la mort.
A des coraux la coupe était pendue,
Tombant plus bas, elle se fût perdue;"

„Car de la roche entre mes mains serrée,
J'apercevais les abîmes des eaux,
A la lueur circulaire et pourprée
Dont le soleil teint la masse des flots.
Tout s'agitait dans ces muets asiles,
Tout fourmillait de dragons, de reptiles."

„J'ai vu, roulés en pelottes hideuses,
La salamandre et cent serpens divers,
Et la torpille et la raie épineuses,
L'affreux requin, la hyène des mers,
Tournant vers moi sa gueule formidable,
Et le marteau, d'aspect épouvantable."

„Dieu! quel effroi! Dieu! quel moment terrible!
Lorsque parmi tant d'êtres si divers
Je me trouvai, moi seul être sensible,
Abandonné dans ces affreux déserts,
Hors de portée, hélas! des voix humaines,
Qu'on n'entend point dans ces profonds domaines."

„Dans cet état, frémissant d'épouvante,
J'entends grimper, et je sens approcher
Un monstre ouvrant un gueule béante.
Dans ma terreur je glisse du rocher;
Pour mon salut aussitôt la marée
Me fait monter, ma vie est assurée."

Bien étonné, le Roi prête l'oreille :
„Elle est à toi, dit-il, la coupe d'or ;
De cette bague, en beauté sans pareille,
Je veux te faire un don plus riche encor,
Si, retournant, tu reviens pour me dire
Ce qui se passe en ce profond empire."

Mais la princesse alors en suppliante :
„Mon père, hélas ! pourquoi tenter encor
Ce jeu cruel ? ou s'il faut qu'on le tente,
N'a-t-il point fait un assez noble effort ?
Aux chevaliers ordonnez donc, de grâce,
De témoigner s'ils ont autant d'audace."

Le Roi saisit la coupe et la rejette.
„Va, de ce jour je t'arme chevalier,
Si, retournant, tu reprends ta conquête.
Ce jour aussi je veux te marier,
Te voir l'époux de celle qui me prie
Si tendrement de ménager ta vie."

A ce discours, cette haute promesse,
Un feu céleste a brillé dans ses yeux ;
Il voit rougir, puis pâlir la princesse ;
Il veut atteindre à ce prix glorieux,
Et de l'abîme affrontant la furie,
Se précipite à la mort, à la vie.

Bientôt le flux, avec bruit de tonnerre,
S'est annoncé, va monter de nouveau.
L'amour attend, il tremble, hésite, espère,
Et ses regards sont attachés sur l'eau.
L'eau fuit, revient, s'étend sur le rivage,
Sans ramener le trop malheureux page.

VI.

LE CHEVALIER DE TOGGENBOURG.

„Chevalier, d'amour de frère
    Faut vous contenter,
D'autre amour il faut se taire,
    Ne puis l'ecouter.
D'un œil sec, d'un cœur tranquille
    Vous verrai partir;
La tristesse est inutile,
    N'y puis compâtir."

A son amie adorée
  Il ne répond mot ;
L'embrasse, l'âme navrée,
  Puis part au galop,
Fait par toute l'Helvétie
  Chercher ses soldats ;
Puis sous la croix les rallie
  Pour lointains combats.

Là, par brillante victoire,
  Signalant son bras,
Toggenbourg a vu la gloire
  Marquer tous ses pas.
Mais la terreur qu'il inspire
  A tout Sarrasin,
N'empêche qu'il ne soupire
  Dans son noir chagrin.

Au bout d'une longue année
  N'y peut plus tenir ;
La campagne est terminée,
  Il veut revenir.
Il s'embarque au port de Joppe,
  Plein d'un doux espoir ;
Bientôt il revoit l'Europe
  Et son cher manoir.

A la porte de sa belle,
  Joyeux, sans souci,
Il court; mais quelle nouvelle
  L'attendait ici!
„Celle qui vous fut si chère,
  Délaissant ce lieu,
Devint hier au monastère
  L'épouse de Dieu."

Toggenbourg, dans la journée,
  A fui son chateau,
Son armure tant prônée,
  Son coursier si beau.
Voyez sa noble stature,
  Ses belliqueux traits,
Sous le cilice et la bure
  Cachés pour jamais.

Il se fait un hermitage
  Aux lieux d'où paraît
Le couvent dessous l'ombrage
  D'antique forêt.
Et là, devant l'humble entrée,
  Seul il vient s'asseoir,
L'ame toute concentrée
  Dans un seul espoir.

Dans ses yeux est tout son être,
  Depuis le matin
Jusqu'au soir que la fenêtre
  Crie et s'ouvre enfin;
Et que la belle adorée
  Lui montre en ses traits
La beauté pure, éthérée
  D'un ange de paix.

Puis sous sa modeste tente,
  Joyeux il s'étend,
Et se complait dans l'attente
  Du matin suivant.
Les jours et les ans il passe
  Sans pleurs ni chagrin.
Fixant le guichet jusqu'à-ce
  Qu'il s'entr'ouvre enfin;

„Et que la belle adorée
  Lui montre en ses traits
La beauté pure, éthérée
  D'un ange de paix."
Un jour la brillante aurore
  Le trouve expirant,
Mais vers la fenêtre encore
  Son regard tournant.

VII.

DIGNITÉ DES FEMMES.

Honneur à vous ! sous les voiles modestes,
Dont la grâce pudique a formé les contours,
C'est vous qui conservez en vestales célestes
La flamme du génie et des chastes amours.
    L'homme, par un fougueux caprice,
    Souvent loin du but emporté,
    Blesse les lois de la justice,
    Et méconnaît la vérité.
    Sa force l'abuse et l'entraîne :
    Ardent à chercher le vrai bien,
    De monde en monde il se promène,
    S'agite et ne peut trouver rien.

D'un doux regard, d'une main secourable
O femmes! c'est à vous de dissiper l'erreur,
De ramener au vrai, le vrai seul est aimable,
Le triste misantrope et l'inquiet rêveur.
   Altier souverain de la terre,
   L'homme y domine en destructeur.
   Rien dans la plus longue carrière
   Ne fixe ses vœux et son cœur;
   Ce qu'il bâtit, il le renverse;
   A peine il formait un dessein,
   Qu'un autre vient à la traverse,
   Et le détruit le lendemain.
De soins constans les femmes animées,
Jouissent du présent en bornant leurs désirs;
Et dans un cercle étroit sagement renfermées,
S'adonnent aux devoirs qui font leurs seuls plaisirs.
   L'homme se concentre en sa force:
   Il repousse et traite d'erreurs
   De la pitié la douce amorce,
   Et le tendre abandon des cœurs.
   Ignorant l'union des ames
   Et le bonheur de s'attendrir,
   Les coups du sort et les alarmes
   Servent encore à l'endurcir.
Femmes, ainsi que la harpe d'Eole,
S'ébranle et retentit au souffle du zéphir,
Votre cœur s'attendrit, et s'empresse et console
La faible humanité, dès qu'il l'entend gémir.
   L'homme par la lance et l'épée
   Veut triompher même du sort,
   Et de sa puissance usurpée
   Le droit, c'est celui du plus fort.

Comment compter les injustices
Qui semblent naître sous ses pas ?
Que de hauteurs et de caprices,
Que de tourmens et de combats !
Femmes, c'est vous dont la douce influence
Tempère et réunit tant d'élémens divers,
Entretenant la paix, soutenant la balance ;
Et l'harmonie encor règne dans l'univers !

VIII.

L'ATTENTE.

N'entends-je point ouvrir de porte?
Le verrou n'a-t-il point crié?
Non, non, c'est le vent qui s'emporte,
Et les hauts arbres ont plié.

Heureux bosquets, que sa douce présence
Doit embellir par mille attraits nouveaux,
Pour entourer la beauté qui s'avance,
Arrondissez vos branches en berceaux.
De ces berceaux que l'ombre la protège,
Qu'un œil hardi ne puisse les percer,
Sur ce gazon qu'amour choisit pour siége,
Tendres zéphirs, venez la caresser.

Qui donc le long de la haie
S'est glissé rapidement?
Ce n'est qu'un oiseau qu'effraie
Le bruit de quelque passant.

Eteins, ô jour, tes clartés indiscrètes;
Descends, ô nuit, avec moins de lenteur,
Viens, c'est à toi de voiler les retraites
Où l'amour veille attendant le bonheur.
L'amour ne veut que mystère et silence,
Les importuns troublent jusqu'à l'espoir.
Il les fuit tous; il n'a de confiance
Qu'au doux regard de l'étoile du soir.

Mais quoi! là-bas dans la plaine,
Quelles voix ont chuchoté?
Non, le cygne se promène
Sur le canal argenté.

Aux derniers feux que le soleil nous lance,
Tout s'embellit; la fleur s'ouvre au zéphir,
Demi-cachés, pourtant en abondance,
Pêches, raisins m'invitent à cueillir.
La voix des eaux devient plus éclatante;
D'un vif espoir mon visage enflammé
Aime à sentir la fraîcheur caressante
D'un air léger, de parfums embaumé.

Ah ! sur la feuille légère
On a marché cette fois.
Non. Le fruit mûr tombe à terre,
Cédant à son propre poids.

Partout enfin s'étend le crépuscule.
Fleur qui se ferme aux feux ardens du jour,
Va doucement entr'ouvrir sa cellule.
L'astre des nuits vient régner à son tour.
Je ne vois plus qu'une masse immobile,
Qu'un seul contour que l'ombre a projeté ;
C'est le silence et son attrait tranquille,
C'est de la nuit la sombre majesté.

Qu'ai-je aperçu de blanchâtre ?
Le satin d'un vêtement ?
Ce sont colonnes d'albâtre
Près d'un massif verdoyant.

Toujours déçu dans un espoir avide,
Pour la serrer sur se cœur amoureux
Mes bras s'ouvraient ; ils retombent à vide,
Je me vois seul et deux fois malheureux :
Je cherche un bien qui fuit et se dérobe,
Que mon tourment s'adoucirait, hélas !
Si je pouvais voir le bord de sa robe,
Ou seulement la trace de ses pas !

Mais quel charme se déploie
Et des cieux descend sur moi?
L'heure a sonné pour la joie.
L'ange a paru. Je la voi *).

---

*) En poésie il est permis de supprimer l'S en faveur de la rime.

IX.

LE GANT.

Un empereur, il avait nom Français,
Était assis au balcon de l'arène
Où des lions, des ours la troupe se démène,
Combat et se met aux abois
Pour divertir l'espèce humaine.
Jeune beautés et chevaliers courtois
Autour de lui rangés formaient noble guirlande.
L'empereur de la main commande.
Une loge s'ouvre à l'instant :
Le roi des forêts gravement
S'avance. Autour de lui ses regards il promène
Lentement, bâillant,
Et sa crinière secouant,
Étend les pieds et s'abat dans l'arène.

Bientôt l'empereur,
Par un nouveau signe,
Une autre porte désigne ;
Un tigre en sort tout plein d'ardeur.
D'abord il s'étonne
De voir sa majesté lionne.
Il fait un saut,
Rugit tout haut,
Courbe sa queue en cerceau formidable.
Sa langue sort de son gosier ardent ;
Autour d'un rival redoutable
Il tourne non sans crainte, et puis en gromelant
A ses côtés s'étend.
Un signe fait encor deux léopards paraître,
Qu'une double loge vomit.
Ce couple de fureur frémit.
Le lion se relève, et, rugissant en maître,
Aussitôt la paix fait renaître,
Et tous les animaux, de carnage altérés,
Se sont, en se couchant, paisiblement serrés.
Et voilà qu'une main charmante
Du milieu du balcon laisse tomber un gant.
La belle Cunégonde adresse à son amant
Ces mots d'une voix insultante :
„Chevalier, si vous m'adorez,
Comme à toute heure le jurez,
Ce gant vous me rapporterez."
Le chevalier, d'un pas rapide
Et d'un air intrépide,
Descend dans le cirque à l'instant.
Là, d'une main hardie, il ramasse le gant
Au milieu du cercle féroce,

Remonte lentement de ce repaire atroce.
La terreur et l'étonnement
Se montraient sur chaque visage.
On applaudit; et d'un air caressant,
D'un air qui du bonheur semble être le présage,
La belle Cunégonde accueille son amant;
„Voilà le gant" dit-il; „quant à la récompense,
Belle dame, je vous en dispense;
Adieu, gardez mon souvenir."
Il dit, et part pour ne plus revenir.

X.

LES GRUES D'IBYCUS.

Qui marche ainsi seul et sans crainte ?
C'est Ibycus, l'ami des dieux.
Il va dans l'isthme de Corinthe
Chercher les combats et les jeux.
Apollon se plut à l'instruire
Dans l'art des vers et du doux chant,
Et tout plein du dieu de la lyre,
De Rhége il est parti gaîment.

Au loin déjà s'était montrée
La citadelle au noble aspect.
Entrant dans la forêt sacrée,
Il se sent saisi de respect.
Là, dans des routes inconnues,
Il ne voit rien que des oiseaux,
Qu'un nombreux bataillon de grues,
Qui vient chercher les pays chauds.

„Salut, dit-il, oiseaux que j'aime;
Soyez pour moi d'augure heureux.
Notre sort me paraît le même,
De loin nous venons dans ces lieux.
Nous avons passé l'onde amère;
Nous cherchons, pour nous protéger,
Un toit dont l'abri salutaire
Soit le rempart de l'étranger."

Il dit, puis à grands pas s'avance:
Mais voilà qu'un couple assassin
Dans un passage étroit s'élance,
Et vient lui barrer le chemin.
A tel combat comment suffire?
Sa main promptement a cédé;
Habile à manier la lyre,
Jamais arcelle n'a bandé.

Les dieux, les hommes il appelle,
Mais tout est sourd à son danger.
Nul être vivant ne s'éveille.
„Hélas! sur ce sol étranger
Faut-il, victime déchirée
Par la main d'un vil malfaiteur,
Mourir, où ma mort ignorée
Ne trouvera point de vengeur?"

Frappé de mortelles atteintes,
Il ne voit plus, mais il entend
Que, poussant de lugubres plaintes,
Un vol d'oiseaux s'en va passant.
„C'est vous, dit-il, fidèles grues,
C'est vous que je prends à témoin
Des horreurs que vous avez vues,
Vous irez les redire au loin."

Il est mort: des mains charitables
Emportent son corps par pitié;
Ses traits, bien que méconnaissables,
Sont reconnus par l'amitié.
Son hôte à Corinthe s'écrie:
„Quoi, te vois-je ainsi ramener,
Tête glorieuse et chérie,
Toi que j'espérais couronner!"

Il règne une douleur commune
Parmi tout ce peuple éperdu :
Oubliant la fête et Neptune,
Chacun pleure un ami perdu.
Et se pressant au Prytanée,
Vengeance et fureur dans le sein,
A grands cris la foule indignée
Demande à frapper l'assassin.

Mais comment démêler la trace
De ce malfaiteur odieux,
Parmi les gens de toute race
Qu'attire la pompe des jeux ?
Seraient-ce des brigands vulgaires ?
Serait-ce un ennemi secret ?
Seul éclairant tous les mystères,
Hélios le découvrirait.

Peut-être il marche avec audace
Au milieu des Grecs éplorés :
Quand la vengeance est sur sa trace,
Ses traits sont encore ignorés.
Jusques sur le seuil de leur temple,
Peut-être il vient braver les dieux,
Parmi la foule qui s'assemble,
Foule énorme de curieux.

Sur un amphithéâtre immense,
Que de gens montent à la fois?
De forts piliers en abondance
A peine en supportent le poids.
Dans ce cirque à perte de vue,
Pareille aux vagues de la mer,
La multitude avec la nue
Va se confondre au sein de l'air.

Combien sont arrivés d'Aulide!
Et combien l'on en compte ici
D'Athènes, Sparte et de Phocide!
Des îles il en est aussi.
Il en est des côtes d'Asie.....
Mais le spectacle a commencé
Par la sinistre mélodie
D'un chœur sur la scène avancé.

Ce chœur, selon l'usage antique,
Sur le théâtre gravement
Se présente, et d'un pas tragique
Il en fait le tour lentement.
Quels objets! quelle créature
A pu les porter dans ses flancs?
Ce ne sont femmes; leur stature
S'élève à celle des géants.

Un grand manteau noir comme l'ombre
Se déploie autour de leurs reins;
Un flambeau d'un feu rouge et sombre
S'agite en leurs livides mains:
Leur tête pâle et décharnée,
Au lieu de cheveux ondoyans,
Dont la tête humaine est ornée,
Porte de vénimeux serpens.

Formant un cercle épouvantable,
Elles ont entonné leur chant,
Ce chant dont le son lamentable
Jusqu'à la moelle va perçant.
Glaçant les coupables timides
Il suffit pour les accabler;
La lyre au chant des Euménides
Jamais ses sons n'osa mêler.

„Heureux celui dont l'ame pure
S'est conservée, ont-elles dit,
Sans fraude, crime, ni souillure,
Son abord nous est interdit.
Mais malheur à qui par la fuite
Du meurtre a cru goûter le fruit.
Nous nous attachons à sa suite,
Nous, les fiers enfans de la nuit."

„Pour arrêter les sacrilèges
Sur leurs pas, nous nous élançons,
Et nous leur tendons de tels pièges,
Qu'à nos pieds nous les renversons.
Jamais le crime ne respire,
Point de recours au repentir,
Et jusque dans le sombre empire,
De nous rien ne peut garantir."

Ces chants qu'accompagne la danse,
Font régner au cirque des jeux
Un profond, un mortel silence;
On sent la présence des dieux.
Ce chœur, selon l'usage antique,
Sur le théâtre gravement
S'est promené d'un pas tragique,
Puis se perd dans l'enfoncement.

Toute la foule, suspendue
Entre l'erreur et la raison,
Un moment croit voir confondue
Avec le vrai l'illusion.
Mais on reconnaît, on révère
Ce pouvoir terrible et secret
Qui, travaillant dans le mystère,
Aux rayons du jour disparaît.

Tout à coup du haut d'une estrade
On entend prononcer ces mots :
„Regarde donc là, Dibutade,
D'Ibycus voilà les oiseaux!"
Il semble à l'instant que des nues
Ont caché la clarté des cieux.
On regarde, ce sont des grues,
Volant en bataillon nombreux.

Ibycus! Quoi! de bouche en bouche
Un nom si cher est répété!
Chacun de ceux que ce nom touche
Demande avec avidité :
„Ibycus, l'objet de nos larmes,
Frappé par d'inconnus bourreaux;
Qui réveille ainsi nos alarmes?
Que fait ici ce vol d'oiseaux?"

Tout à coup, comme un trait rapide,
La lumière a frappé les yeux:
On s'écrie: „Ah! c'est l'Euménide,
C'est bien ici la main des dieux.
La vérité s'est déclarée,
Saisissons, tout est dévoilé,
Et l'homme qui l'a proférée,
Et l'homme auquel il a parlé."

Oh ! cette parole fatale,
Comme ils voudraient la retenir !
C'est trop tard : leur visage pâle
Aurait suffi pour les trahir.
Aux pieds du juge on les entraîne,
La scène devient tribunal.
L'aveu s'échappe, et de la peine
Devient aussitôt le signal.

XI.

FRIDOLIN OU L'USINE.

—

Chez la comtesse de Saverne,
Servait le jeune Fridolin,
Enfant pieux, et que gouverne
L'amour de Dieu, puis du prochain.
Douce et bonne était sa maîtresse :
Mais ne l'eût-elle point été,
Orgueil, caprices et rudesse
Par devoir il eût supporté.

Dès premiers rayons de l'aurore,
Jusqu'après le soleil baissé,
Il travaille et travaille encore;
Jamais il ne s'est reposé.
En vain sa dame lui répète:
„Ne te tourmente point si fort;"
Il croirait son œuvre imparfaite,
S'il l'accomplissait sans effort!

Aussi, parmi sa suite entière,
La comtesse le distinguant,
A le vanter trouvait matière,
Et toujours allait le vantant.
Ce n'était plus valet ni page;
Mais comme un fils elle l'aimait,
Et les beaux traits de son visage,
D'un œil maternel contemplait.

Il advint de là qu'un barbare,
Robert, du comte le chasseur,
Dans sa méchante ame prépare
De l'innocence le malheur.
C'est à la chasse que ce traître
A su trouver l'occasion
De blesser le cœur de son maître,
Cœur ardent et prompt au soupçon.

„Vraiment, dit-il, monsieur le comte,
„Votre bonheur est sans pareil.
Jamais le doute ni la honte
Ne troubleront votre sommeil.
Vous possédez dans votre femme
Un vrai joyau de chasteté.
Jamais d'un séducteur la flamme
N'atteindra sa fidélité."

Le comte roulant un œil sombre:
„Que dis-tu là, valet méchant?
Ne sais-je pas que, comme l'ombre,
Vertu de femme va flottant?
Tout flatteur bientôt les entraîne,
Mais moi je sais sur quoi compter;
Sur la comtesse de Saverne
Quel œil oserait s'arrêter?"

„Oui, oui, vos paroles sont sages;
Il ne mérite que mépris,
Lui qui, né pour être à vos gages,
Ose aspirer à si haut prix;
Qui, pour sa dame, sa maîtresse,
Brûle en dépit de la vertu."
„Quoi, dit le comte avec détresse,
Ce quelqu'un-là le connais-tu?"

„Ce qui vole de bouche en bouche,
Le cacherais-je à mon seigneur?
Toutefois sur ce qui vous touche,
Je puis me taire par honneur."
„Réponds, ou je te tue, infâme,
Lui dit le comte en frémissant;
Qui lève les yeux sur ma femme?"
„C'est Fridolin le bel enfant."

„Il est gentil de sa personne,"
Ajoute le traître à dessein.
A ces mots le comte frissonne,
Froide sueur couvre son sein.
„Quoi, vous ne voyez point qu'à table,
De vous servir peu curieux,
Trahissant son ardeur coupable,
Pour elle seule il a des yeux?"

„Voyez ces vers où de sa flamme
Il fait l'aveu sans nul détour,
Et même de la noble dame
Ose implorer quelque retour.
La comtesse, douce et sensible,
Par pitié ne veut le trahir;
Je m'en dédirais, si possible:
Car comment devez-vous agir?"

Le comte, en sa fureur brûlante,
Court à cheval au bois voisin.
C'est là qu'en une forge ardente,
Le fer se fond soir et matin;
L'ouvrier robuste et fidèle,
Sans cesse au travail adonné,
Entretient une flamme telle,
Qu'un roc en serait calciné.

De l'eau sagement ménagée
La force agit incessamment;
La grande roue est dirigée
Par ce rapide mouvement.
Les marteaux frappent en cadence:
Tel jadis on a peint l'enfer,
Et de tant d'efforts la puissance
Courbe, amollit, régit le fer.

Le comte par un signe attire
Deux valets, et leur parle ainsi:
„Le premier qui viendra vous dire:
Garçons, avez-vous fait ici
Ce qu'a commandé votre maître?
A l'instant, au milieu des feux,
Jetez-le, faites disparaître
Son existence à tous les yeux."

A ces mots le couple féroce,
Car plus dur que fer est leur sein,
Tressaille d'une joie atroce;
Et pour remplir ce noir dessein,
Jette dans la fournaise ardente
Force bois, s'empresse à souffler,
Et se délecte dans l'attente
De celui qu'il doit immoler.

Robert va d'un air hypocrite
Chercher le jeune Fridolin:
„Te voilà, dit-il, viens bien vite,
Car de toi ton maître a besoin.
Va, cours, et dans ta course prompte
Que rien ne te tienne arrêté,
Savoir des forgerons du comte
S'ils ont rempli sa volonté."

Aussitôt Fridolin s'empresse
Pour partir au même moment;
Mais, en songeant à sa maîtresse,
Il s'arrête subitement.
Puis se présentant devant elle:
„Je suis à la forge envoyé,
Ne puis-je rien faire pour celle
Qu'à servir je suis engagé?"

„Mon enfant, répond la comtesse,
Je sens en mon cœur le besoin
D'assister à la sainte messe ;
Mais mon fils souffre, et j'en prends soin ;
Va, porte à la table chrétienne
De mon cœur le pieux désir,
Porte ma prière et la tienne :
Dieu fera grâce au repentir."

Lui, bien joyeux d'un tel message,
En chemin se met promptement.
Il n'est pas au bout du village,
Que la cloche est en mouvement.
La cloche à la prière excite,
Et, de la part du Dieu sauveur,
Au festin de la grâce invite
Solennellement tout pécheur.

„De ton Dieu point ne te détourne,
Si le trouves en quelque lieu."
Dit Fridolin, et sitôt tourne
Ses pas vers la maison de Dieu.
La moisson donne tant à faire,
Que l'église est en ce moment
Silencieuse et solitaire ;
Pour le curé nul desservant.

„Quand c'est pour le Ciel qu'on s'arrête,
Dit en soi-même Fridolin,
On n'a pas tort." Puis il s'apprête
A remplacer le sacristain.
De l'aube et l'étole il s'empare,
Par sa main le prêtre est paré.
Aussitôt en hâte il prépare
Les vases du culte sacré.

Cela fait, il change d'office,
Et, prenant en main le missel,
Pour desservir le sacrifice,
Précède le prêtre à l'autel.
A droite, à gauche il met en terre
Un genou, puis va promptement,
S'il entend le nom qu'on révère,
Trois fois la sonnette agitant.

Le prêtre avec respect s'incline,
Et, se retournant vers l'autel,
Elève l'image divine
En sa main, d'un air solennel,
A l'assemblée alors nombreuse,
L'enfant l'annonce à haute voix,
Et tout bas la foule pieuse
Adore le Dieu de la croix.

D'une intelligence docile,
Toutes choses il a compris,
Et les fait d'un air plus facile
Que si long-temps il l'eût appris.
Sans se lasser il officie
Jusqu'au *Dominus cum vobis*,
Lorsque le prêtre congédie
Les assistans qu'il a bénis.

Fridolin, sa tâche remplie,
Remet chaque chose en son lieu,
Nettoie encore et purifie
Le sanctuaire du vrai Dieu.
La conscience satisfaite,
Vers la forge il tourne ses pas,
Et, chemin faisant, il répète
Encor douze *Pater* tout bas.

En voyant la flamme qui monte
Et les valets rangés auprès,
Il leur crie : „Avez-vous du comte
Accompli les ordres exprès?"
Montrant la fournaise enflammée,
Ils disent, en grinçant les dents:
„Oui, la besogne est consommée,
Le comte et nous serons contens."

Fridolin, d'une course agile,
La réponse vient rapporter
Au comte qui reste immobile,
Et de ce qu'il voit veut douter.
„D'où viens-tu d'un pas si rapide?"
„De la forge?" — „Oh non.... — Dans quel lieu
Te retint l'ardeur qui te guide?"
„A la messe, où j'ai prié Dieu."

„En vous quittant, chez la comtesse
J'allai (veuillez me pardonner)
Savoir si ma bonne maîtresse
N'avait point d'ordre à me donner.
J'en ai reçu qui m'ont dû plaire;
A la messe allant de grand cœur,
J'ai dit quatre fois le rosaire
Pour ma maîtresse et mon seigneur."

Le comte, en sa surprise extrême,
Plein de terreur et de soupçons:
„Redis-moi, page, à l'instant même,
Qu'ont répondu les forgerons?"
— „Ils m'ont dit, montrant la fumée,
Ces mots vraiment obscurs de sens:
„Oui, la besogne est consommée;
Le comte et nous serons contens."

„Et Robert, interrompt le comte,
A chaque mot plus effrayé,
De lui peux-tu me rendre compte?
Au bois je l'avais envoyé."
— „Dans le bois, ni dans la prairie
Je n'ai trouvé trace de lui."
Lors le comte, éperdu, s'écrie:
„Le Dieu du ciel juge aujourd'hui!"

Puis, avec une bonté telle
Qu'il n'eut jamais pour Fridolin,
Il conduit le page fidèle
Chez la comtesse par la main,
Disant à la dame ébahie:
„Gardez bien cet ange d'enfant;
J'ai failli lui ravir la vie;
Mais Dieu lui-même le défend."

XII.

LA CAUTION.

Aux portes de Denis, de gardes hérissées,
Damon s'était glissé, sous sa robe portant
Un poignard. Les licteurs l'arrêtent à l'instant.
Le sombre et froid Denis veut savoir ses pensées.
„Je voulais d'un tyran délivrer la Cité."
— „Tu payras sur la croix cette témérité."

„Je suis prêt à la mort, j'ai dévoué ma vie,"
Dit Damon. Toutefois, veuille encor m'accorder
Un délai de trois jours que j'ose demander,
Pour voir à son époux unir ma sœur chérie;
En otage pour moi mon ami restera;
Si je manque à ma foi, c'est lui qui périra."

A ce discours Denis sourit avec malice.
„Réfléchis un instant; je t'accorde trois jours,
Dit-il; mais aussitôt qu'aura fini leur cours,
Si tu n'es point ici pour t'offrir au supplice,
Songe que ton ami tombera sous les coups
Que tu devais subir, toi tu seras absous."

A son ami Damon va raconter l'affaire.
„Pour punir mon projet, le roi m'a condamné
A périr sur la croix; toutefois m'a donné
Un délai de trois jours. Ce temps m'est nécessaire
Pour marier ma sœur; tu resteras pour moi
Jusqu'à ce que j'arrive et dégage ma foi."

Pythias, sans parler, contre son cœur le serre;
Puis aux mains du tyran il va se consigner.
Damon tout aussitôt s'empresse à s'éloigner.
Quand le troisième jour paraît sur l'hémisphère,
Sa sœur est mariée; il revient à grands pas
Tout troublé par la peur qu'on ne l'attende pas.

Mais la pluie à grands flots se répand sur la terre;
Un torrent furieux roule du prochain mont.
Damon voit des débris, voit les arches d'un pont
Qu'entraînent en grondant les eaux de la rivière.
Il est là sur le bord, malheureux pélerin,
N'ayant pour tout appui qu'un bâton à la main.

Il parcourt désolé ce funeste rivage,
Cherche de tous côtés, appelle mille fois;
Mais, hélas! nul n'entend sa lamentable voix;
Nul bateau ne paraît sur la déserte plage;
L'eau s'étend,, et jamais le plus hardi nocher
De ces flots débordés n'oserait approcher.

,,Grand Jupiter, dit-il, d'une voix presqu'éteinte,
Prends pitié de mes pleurs, arrête le torrent,
Ou fais-moi voir un lieu tel qu'en le traversant,
Je me puisse affranchir de mon affreuse crainte.
Il est midi déjà; quand le jour baissera,
Si je n'arrive, ô Dieu! Pythias périra!"

Le torrent semble, hélas! redoubler de furie;
Les flots pressent les flots; les précieux momens
Vont s'écoulant aussi : bientôt il n'est plus temps;
Damon n'écoute plus qu'une angoisse inouïe;
Il se jette à la nage, et l'eau cède à son bras;
La puissance des Dieux veille sur ses combats.

Il a vaincu les eaux: il gagne le rivage,
Et marchant à grands pas, rend grâce au Dieu sauveur;
Voilà d'un bois voisin que la sombre épaisseur
A vomi de brigands une troupe sauvage;
De carnage altérés et la massue en main,
Ils entourent Damon, lui barrent le chemin.

Pénétré, non pour lui, d'une terreur mortelle:
„Je n'ai point de trésor; que voulez-vous de moi?
Je n'ai rien que ma vie: elle appartient au roi."
Il pense à son ami; sa force est sans pareille.
Il saisit la massue, et d'un bras vigoureux,
Mettant le reste en fuite, il en terrasse deux.

Mais les ardeurs du jour ne sont plus supportables;
Damon, brûlant de soif, de fatigue harassé,
Sent fléchir ses genoux sous son corps affaissé.
„Dieux qui m'avez sauvé d'entre ces mains coupables,
De la fureur des eaux, souffrirez-vous qu'ici
Je meure, et dans ma perte entraîne mon ami?"

A peine il avait dit, qu'un murmure agréable
Parvient à son oreille; il regarde, et tout près
D'un rocher voit sortir un ruisseau clair et frais.
Au triste pélerin quel objet délectable!
Plein de joie, il se baisse; il est désaltéré,
Il a repris sa course; il se sent restauré.

Mais déjà le soleil descend et plus ne brille
Qu'au travers des rameaux. Les ombres grandissant
Vont sur le vert gazon les arbres dessinant.
Près de deux voyageurs, revenant de la ville,
Il passe. L'un des deux a dit distinctement:
„On l'étend sur la croix dans ce même moment."

Son angoisse redouble et lui donne des ailes.
Il vole; il voit briller, mais de loin seulement,
Les toits de Syracuse aux rayons du couchant.
Philostrate paraît; l'un des valets fidèles
Laissé dans sa maison; il pâlit en voyant
Son maître devant lui de fatigue haletant.

„Retourne sur tes pas; sauve ta propre vie;
Tu ne peux plus sauver ton malheureux ami;
C'est trop tard. Sans se croire un seul moment trahi,
Il s'est vu sur la croix. La cruelle ironie
Du tyran n'a pas pu décourager sa foi;
D'heure en heure il comptait, il espérait en toi."

„— Fût-il cent fois trop tard, me fût-il impossible
De conserver ses jours, encor je paraîtrai;
Ne pouvant le sauver, avec lui je mourrai;
Nous périrons tous deux; mais le tyran terrible,
Si son cœur n'est point fait pour sentir la pitié,
Sera forcé du moins de croire à l'amitié."

Le soleil se couchait; la croix était dressée;
Il arrive, et d'un pas hardi, précipité,
Se fait jour au travers du peuple épouvanté.
Aux bras de Pythias voit la corde enlacée:
„A moi, dit-il, bourreaux, que je sois suspendu;
C'est moi, c'est pour moi seul qu'il avait répondu."

Voyez les deux héros d'une amitié si belle
S'embrasser en pleurant de joie et de douleur ;
Autour d'eux point d'œil sec, point d'insensible cœur.
On court porter au roi cette étrange nouvelle.
Pour la première fois se sentant ébranler,
Au palais aussitôt il les fait appeler.

D'un œil d'étonnement long-temps il considère
Les amis ; puis leur dit : „Vous l'avez emporté,
Votre tendresse enfin fléchit ma dureté.
La foi de l'amitié n'est point une chimère.
Vivez, et laissez-moi penser que quelque jour
Je serai le troisième en votre unique amour.

XIII.

PLAINTES DE CÉRÈS.

La terre a changé de face;
Le printemps la rafraîchit:
De sa ceinture de glace
Partout elle s'affranchit:
Un ciel plus serein se mire
Dans le cristal des ruisseaux;
Au souffle heureux du zéphire
Poussent les jeunes rameaux.
Les concerts d'été renaissent;
L'Oréade a dit: „Hélas!
Cérès, tes fleurs reparaissent,
Ta fille ne revient pas."

Que j'ai parcouru d'espace,
De côteaux et de vallons!
D'Apollon j'ai, sur sa trace,
Envoyé tous les rayons,
Mais en vain; point de nouvelle
Du cher objet de mes vœux,
Et le jour, qui tout décèle,
Ne l'offre point à mes yeux.
Jupiter l'a-t-il saisie?
Ou, touché de tant d'appas,
Pluton l'aurait-il ravie
Au noir séjour du trépas?

Qui donc portera ma peine
Sur ces lamentables bords?
La barque va, mais ne mène
Rien que les ombres des morts.
Inconnu pour tout le monde,
Ce noir domaine est resté.
Jamais le *Styx* sur son onde
Etre vivant n'a porté.
Mille sentiers pour descendre,
Pas un qui ramène au jour;
Rien, ma fille, pour apprendre
Tes douleurs à mon amour.

Toute mère de famille,
De la race de Pyrrha,
Peut du moins suivre la fille
Que la mort lui ravira.
Mais, hélas! les immortelles
N'ont point un espoir si doux;
Parques, vos mains si cruelles
N'épargnent jamais que nous.
Ah! plutôt dans l'ombre épaisse
Jetez-moi du haut du ciel.
Ces vains droits de la déesse
Brisent le cœur maternel.

Ah! que volontiers sa mère
Irait au lieu de terreur,
Où, près d'un époux sévère,
Elle règne sans bonheur.
Parmi la foule des ombres
Je me tiendrais; et tes yeux,
Cherchant loin des plaines sombres
La douce clarté des cieux,
Ne m'auraient encor vue
Quand ma joie éclaterait,
Et tu me serais rendue,
Et l'enfer s'attendrirait.

Vain désir, plainte inutile !
Phébus, au champ de l'Ether,
Suit sa carrière immobile
Sous la loi de Jupiter,
Dont la tête glorieuse
Se détourne des Enfers.
Moi, pour toujours malheureuse,
Proserpine, je te perds.
Je te verrai quand l'Aurore
De ses feux peindra le Styx ;
Et si l'Enfer se colore
Des rayons de l'arc d'Iris.

N'en reste-t-il point de trace ?
Rien d'elle pour exprimer
Que, séparé par l'espace,
On se peut encore aimer ?
Quoi ! plus de commune vie
Entre la mère et l'enfant ?
N'est-il plus rien qui rallie
Les morts au monde vivant ?
Oui, quelque chose me reste
De l'enfant qui m'est ôté,
Et la puissance céleste
Un langage m'a prêté.

Quand les fleurs, quand les feuillages,
Par le vent du nord fanés,
Tomberont dans les bocages
Et sur nos champs moissonnés :
Parmi les dons de l'Automne
Choisissant le grain doré,
Epanchant la riche corne
Dans le terrain labouré,
Je me dirai que peut-être
A ma fille, au noir séjour,
Ces germes feront connaître
Ma douleur et mon amour.

Quand des jours la marche égale
Nous ramène le printemps,
Alors que Phébus étale
Ses rayons vivifians,
Du sein glacé de la terre
Le germe se dégageant,
Dans l'empire de lumière
S'élance joyeusement.
Il semblait mort, il prospère,
Brillant de vives couleurs ;
La racine reste en terre,
Et cherche les profondeurs.

Dans ces plantes élancées
De l'empire de l'effroi
Je crois trouver tes pensées
Qui remontent jusqu'à moi.
Le Cocyte en vain t'enferme
Dans l'abîme ténébreux.
Chaque pur et nouveau germe
Qui vient s'offrir à mes yeux,
Me dit qu'en la nuit profonde
Où les ombres vont flottant,
Ton cœur aspire à ce monde,
M'aimant et me regrettant.

Fleurs nouvellement écloses,
Saluons votre retour ;
Que l'Aurore aux doigts de roses
Vous ranime chaque jour.
Sur vous tomberont ses larmes,
Que Phébus éffacera.
Iris, pour parer vos charmes,
Ses rayons me prêtera.
Le printemps, qui tout ranime,
Et l'Automne en sa longueur,
A tout cœur sensible exprime
Et ma joie et ma douleur.

XIV.

CASSANDRE.

Dans les murs antiques de Troie,
Debout encor pour peu de temps,
On n'entendait que cris de joie
Et tendres concerts d'instrumens ;
Les guerriers reprenaient haleine,
Après tant de combats affreux,
Car la charmante Polyxène
D'Achille avait fixé les vœux.

Jeunes Troyens, belles Troyennes,
Lauriers ornant leur front serein,
Allaient visiter, par centaines,
L'autel d'Apollon Thymbrien.
Bacchantes, comme aux jours de fête,
Remplissaient les airs de leurs voix.
Dans le silence et la retraite
Quelqu'un gémissait toutefois.

Hélas! c'est la triste Cassandre
Qui, sans joie au sein des plaisirs,
Dans les bois sacrés vient répandre
Ses pleurs et cacher ses soupirs.
Dans ce refuge la princesse,
Le cœur ému, les yeux mouillés,
Jetant son bandeau de prêtresse,
Le déchire et le foule aux pieds.

„Je ne vois que jeux et que danse,
Au plaisir tous les cœurs s'ouvrant,
Mes vieux parens, pleins d'espérance,
Ma sœur pour l'autel se parant;
Et moi, de craintes déchirée,
L'illusion me fuit, hélas!
Je vois de la ville sacrée
La perte approcher à grands pas."

„Je vois un flambeau qui s'allume;
D'hymen tels ne sont point les feux.
Jusqu'aux cieux il s'élève et fume,
Mais non comme un encens heureux.
Combien de fêtes l'on prépare!
Mais moi, je sens en mon esprit
Les approches d'un dieu barbare,
Et bientôt tout sera détruit."

„Las! on insulte à mes alarmes,
On me reproche ma douleur.
Au désert je cache mes larmes
Et les angoisses de mon cœur.
Oui, tout mortel heureux m'évite,
Sans pitié l'on rit de mes maux.
A quel sort m'as-tu donc réduite,
O toi, cruel dieu de Délos!"

„Ah! pour annoncer tes oracles,
Pourquoi me jeter en ces lieux,
Où même aux plus frappans spectacles
L'aveugle n'ouvre point les yeux?
A cette affreuse prévoyance
Fallait-il donc me condamner?
De quoi nous sert la connaissance
Des maux qu'on ne peut détourner?"

„Oh! qu'on laisse un voile propice
Cacher l'avenir menaçant;
Pour le voyant tout est supplice,
Où tout est bien pour l'ignorant.
Loin de moi funeste lumière
Qui m'offre un sort ensanglanté;
Trop malheureux qui sur la terre
Doit annoncer la vérité."

„Apollon, qu'enfin je te touche,
Ah! rends-moi mon aveuglement.
Tant que tu parles par ma bouche,
Je ne puis plus chanter gaîment;
Dans l'avenir tu me fais lire;
Mais c'est aux dépens du présent;
Pour mon malheur ton art m'inspire;
Reprends ton funeste présent."

„Depuis qu'aux autels enchaînée,
Je te sers, on ne vit jamais
Ma longue chevelure ornée
De joyaux, de feuillages frais;
Le temps où la jeunesse brille
N'est pour moi qu'un temps de douleur,
Et tous les maux de ma famille
Ont pesé sur mon triste cœur."

Que mes compagnes sont heureuses!
Tout rit, tout aime autour de moi;
Et, parmi ces bandes joyeuses,
Seule, je suis une autre loi.
En vain la nature embellie
Du printemps m'offre les douceurs;
Ah! comment jouir de la vie
Quand on en voit les profondeurs!

Ma soeur, en son heureuse ivresse,
Livrée à l'espoir le plus doux,
Au plus grand des fils de la Grèce
Pense donner le nom d'époux.
Dans cette illusion si belle,
Et dans tes transports orgueilleux,
Tu ne crois plus, pauvre mortelle,
Devoir rien envier aux dieux.

Ainsi j'ai rencontré la vue
De celui qu'eût choisi mon coeur;
Ses regards à Cassandre émue
Promettaient amour et bonheur.
Je l'eusse, avec douce espérance,
Suivi sous le toit conjugal;
Mais une ombre entre nous s'avance
Sortant du séjour infernal.

La reine du lugubre empire
Déchaîne sur moi sa terreur ;
Je vois partout où je respire
De noirs fantômes pleins d'horreur.
Cruels fléaux de ma jeunesse,
Ils semblent naître sous mes pas !
Et quand ils me troublent sans cesse,
Quel plaisir goûterais-je, hélas !

Oui, je vois l'arme meurtrière,
Le bras qui va m'assassiner.
En vain je ferme la paupière,
En vain je veux me détourner.
Sur moi, cruelle destinée,
Déjà tes décrets sont remplis ;
Je vis de morts environnée,
Jo mourrai loin de mon pays."

Ces mots retentissaient encore.
Du temple sort un bruit confus,
Par un coup qu'en vain l'on déplore,
Le fils de Thétis n'était plus.
Némésis accourt ; à sa vue,
Les dieux s'en vont de toutes parts ;
La foudre est dès-lors suspendue,
Triste Ilion, sur tes remparts.

XV.

LE PARTAGE DE LA TERRE.

„Mortels, dit Jupiter, du sommet d'un nuage,
La terre est votre bien, je vous la donne à tous
En fief perpetuel et par droit d'héritage;
    En bons frères, arrangez-vous."

Jeunes, vieux, à ces mots tout s'agite et s'empresse;
Le laboureur s'attache au fertile guéret,
Le gentilhomme altier s'empare avec noblesse
    Du droit de chasse en la forêt.

Le marchand tient déjà richesses entassées,
L'abbé choisit des vins; l'on voit enfin le roi
Barrières imposer sur les ponts et chaussées,
  Disant: „Le péage est à moi."

Tout est fait, quand on voit le poète paraître,
D'un pays éloigné revenu, mais trop tard;
Il ne trouve plus rien, chaque objet a son maître;
  Tout mortel a reçu sa part.

„Quoi! faut-il que moi seul dans l'oubli tu me laisse?
Moi seul, grand Jupiter, ton plus fidèle enfant!"
Il dit, et près du trône, accablé de tristesse,
  Il se prosterne en gémissant.

„Tu t'oubliais toi-même au pays des chimères,
Lui réplique le dieu; pourquoi t'en prendre à moi?
Dis, où donc étais-tu quand j'ai doté tes frères?"
  Le poète répond: „j'étais auprès de toi."

„Des sphères écoutant la divine harmonie,
Contemplant ton visage auguste et radieux,
A mon esprit ravi ta grandeur infinie
  A fait oublier ces bas lieux."

„Que faire, dit le dieu, quand la terre est livrée?
Marchés, forêts, moissons, je n'ai plus rien à moi.
Mais lorsque tu voudras visiter l'Empyrée,
    Approche; il s'ouvrira pour toi."

XVI.

LA FILLE INFANTICIDE.

Ce son lugubre et sourd des cloches réunies,
   L'entendez-vous? voyez-vous fuir le temps?
L'aiguille a fait son tour; au maître de nos vies
Obéissons, allons où la mort nous attend;
Cortége de la mort, conduis-moi sous le glaive.
Ce monde qui m'a fait tant de mal et de bien,
En l'aimant, en pleurant, de le quitter j'achève.
   Monde trompeur, je ne te dois plus rien.

Adieu brillant soleil ; ta joie et la lumière
    Vont pour toujours disparaître à mes yeux.
Les ténèbres des morts et leur froide poussière
Remplaceront pour moi la clarté de tes feux.
Ces pensers de bonheur qui semblaient si propices,
Ils ont été déjà dans leurs germes flétris.
Adieu roses d'été, séduisantes délices,
    Charmes du coeur ; adieu rêves chéris.

Naguère, je portais de la simple innocence
    Et la ceinture et les blancs vêtemens,
Et dans mes blonds cheveux brillaient en abondance
Tendres boutons de fleurs, heureux dons du printemps.
Aujourd'hui, des enfers victime infortunée,
Un vêtement pareil enveloppe mon corps ;
Hélas ! au lieu de fleurs, ma tête n'est ornée
    Que du bandeau destiné pour les morts.

Pleurez sur moi, mes soeurs, qui, toujours innocentes,
    N'avez perdu l'honneur, ni le repos,
Qui sans doute joignez, dans vos vertus constantes,
Aux attraits de la femme une ame de héros.
Un tendre sentiment fut mon unique guide,
Et ce sentiment même aujourd'hui me punit.
Hélas ! ce fut par lui, dans les bras d'un perfide
    Que ta vertu, Louise, s'endormit.

Tandis qu'à ma douleur je suis abandonnée,
　Que le tombeau s'ouvre devant mes yeux,
Le volage séduit une autre infortunée,
Sourit à sa parure, à ses chants, à ses jeux.
Il caresse en vainqueur sa nouvelle conquête,
Et bientôt sur ce trône, à la mort consacré,
On verra dans l'instant où tombera ma tête,
　Mon sang jaillir d'un corps défiguré.

Oh! puisse de ma mort le cortége effroyable,
　Cruel Joseph, s'attacher à tes pas;
De la cloche de mort que le son lamentable
T'annonce avec horreur l'instant de mon trépas;
Et que mon souvenir, ainsi qu'une Furie,
Empoisonnant d'amour le calice enchanté,
Change en tison d'enfer cette rose fleurie
　Qu'à tes désirs offrait la volupté.

Quoi! tu méprises tout, et ma douleur amère
　D'avoir perdu l'irréparable honneur,
Et, ce qui toucherait le tigre et la panthère,
Cet enfant, homme dur, palpitant sur mon cœur.
Tu pars; de ton vaisseau la voile fugitive
S'éloigne; et quand mes yeux, de douleur obscurcis,
Voudraient te suivre encor, déjà sur l'autre rive
　Tu fais des vœux qu'aussitôt tu trahis!

Ton fils, que faisait-il dans les bras de sa mère ?
   Paisiblement, hélas! il reposait,
Semblable au frais bouton, posé sur la fougère,
Cet aimable innocent à ma voix souriait.
Mais, ô tourment d'enfer! c'était ta vive image ;
C'était, en le voyant, toi que je croyais voir ;
Mon cœur devint la proie du plus cruel orage,
   Troublé d'amour, perdu de désespoir.

Femme, semblait-il dire en son muet langage,
   Mon père, où donc est-il ? Ton père, hélas !
Tout me redit à moi, dans mon affreux veuvage :
Femme, où donc ton époux a-t-il porté ses pas ?
Pauvre orphelin, vers lui qui t'ouvrira les voies ?
D'autres enfans peut-être à son amour ont part,
Et toi, tu maudiras nos criminelles joies
   Qui t'ont valu l'affreux nom de bâtard.

O malheureux enfant, ta déplorable mère,
   Se sentait seule en ce vaste univers.
Du bonheur maternel la source était amère,
La honte empoisonnait mes plaisirs les plus chers.
Ces regrets du passé, ces fléaux de la vie,
Tu les offrais sans cesse à mon triste regard.
Ta voix me rappelait ma tendresse trahie,
   Et ton sourire était comme un poignard.

Te fuir, te délaisser, il m'était impossible ;
    Te voir sans cesse, était trop grand tourment ;
Tes caresses, hélas ! avec un charme horrible,
Sans cesse rappelaient celles d'un traître amant ;
En lugubres accens, la voix de ce parjure
Retentissait sans cesse en mon cœur abîmé.
Ainsi le désespoir étouffa la nature ;
    Ainsi le meurtre enfin fut consommé !

Joseph, tu sentiras, fût-ce au bout de la terre,
    Le bras glacé d'un fantôme effrayant ;
Au milieu des plaisirs, de leur paix mensongère,
Tu verras l'œil éteint de ton enfant mourant.
Oh ! puisses-tu ne voir que sa fatale image
Parmi les feux brillans, dans les cieux suspendus,
Et son corps tout sanglant, te barrant le passage,
    Te repousser du séjour des élus !

A mes pieds étendu vois-tu ce corps sans ame ?
    Avec froideur mes regards étonnés
Ont vu couler son sang ; mais à la même trame
Tenaient avec ses jours mes jours infortunés.
On frappe à ma prison ; la mort m'est annoncée.
Affreux coups ; de mon cœur pourtant les battemens
Sont plus affreux. Marchons, et que la mort glacée
    Eteigne enfin le feu de mes tourmens.

Joseph, le Dieu du ciel est un Dieu de clémence ;
  La pécheresse aussi doit pardonner.
Je te pardonne tout ; périsse ma vengeance
Avec le bois ardent qui va me consumer !
J'ai vaincu. J'abandonne aux ardeurs de la flamme
Tes lettres, ton amour, les gages de ta foi ;
Et tes sermens trompeurs, ces poisons de mon ame,
  Sur ce bûcher vont périr avec moi.

Mes sœurs, défiez-vous des sermens d'un volage ;
  Craignez l'éclat d'un âge trop flatté ;
Songez que sans attraits j'en eusse été plus sage,
Et que sur l'échafaud j'ai maudit ma beauté.
Quoi ! bourreau, quoi ! des pleurs sur ce sanglant théâtre !
Vite, autour de mon front le bandeau tu trépas.
Comme le lys des champs, ne sais-tu pas m'abattre ?
  Dois-tu pâlir ? Frappe, et ne tremble pas !....

XVII.

LE CHANT DE VICTOIRE.

Du vieux Priam la cité consumée
N'offrait plus rien que cendres et débris.
Les princes grecs, leur triomphante armée,
Ivres d'orgueil, sur leurs vaisseaux assis,
De l'Hellespont occupaient le rivage.
Leur grand butin formait riche fardeau ;
Ils ne pensaient qu'à leur prochain passage,
Pour retourner en leur pays si beau.
    Entonnons des chants de joie,
    Car de nos vaisseaux guerriers
    La voile enfin se déploie
    Pour voguer vers nos foyers.

Et cependant les captives Troyennes,
Pâles d'effroi, contemplaient leur destin :
Au bord des eaux formant de longues chaînes,
Cheveux épars, et se frappant le sein,
Aux chants hardis d'une bruyante joie
Elles mêlaient le chant de leur douleur,
Et déplorant les grands malheurs de Troie,
Pleuraient encor sur leur propre malheur.
   Adieu donc plages chéries ;
   Nous vivrons sur d'autres bords.
   Aux étrangers asservies.
   Hélas ! qu'heureux sont les morts !

Voyez Calchas hâter les sacrifices
Qu'il veut offrir aux grandes déïtés ;
Calchas invoque, il veut rendre propices
Pallas, qui fonde et détruit les cités,
Neptune aussi, le dieu qui de la terre
Presse les flancs d'une ceinture d'eaux,
Et Jupiter, le maître du tonnerre,
Qui fait pleuvoir et les biens et les maux.
   La querelle est apaisée
   Après tant de mauvais jours ;
   La grande ville est rasée,
   Les destins ont fait leur cours.

Le roi des rois, le magnanime Atride,
Fixait les yeux, en soupirant tout bas,
Sur les débris de l'armée intrépide
Qui de l'Aulide avait suivi ses pas.
„Hélas! de ceux que j'avais vus descendre,
Se disait-il avec un sombre ennui,
Combien sont morts aux rives du Scamandre,
Et combien peu j'en ramène aujourd'hui!
   Vous, les enfans de la Grèce,
   Qui la révérez encor,
   A votre juste allégresse
   Par vos chants donnez essor."

Le sage Ulysse, au cœur plein de prudence,
Prononce alors, par Minerve inspiré:
„D'un doux retour tous ont grande espérance,
Peu goûteront ce bien si désiré.
Combien de fois aux autels domestiques
Un assassin ne s'est-il pas glissé!
Tel affrontait les dangers héroïques,
Qu'un traître ami dans l'ombre a renversé.
   Il faut bien qu'un Dieu propice
   Veille à la fidélité;
   Car la femme en sa malice
   Ne cherche que nouveauté."

Ménélas, plein de tendresse et de joie,
Retient et presse en ses bras amoureux
Cette beauté qu'il reconquit sur Troie,
Aimable objet où se bornent ses vœux.
„Ainsi, dit-il, périra tout perfide ;
Chaque forfait trouve un juste vengeur ;
Le tribunal qui dans les cieux préside
Ne fléchit point en sa juste rigueur.
  L'hospitalité trahie
  Sur un lâche criminel,
  Tôt ou tard sera punie
  Par le pouvoir éternel."

„C'est leur avis, dit le fils d'Oïlée,
A ces mortels comblés des dons des cieux.
Que la fortune au mérite égalée
Fait voir partout la justice des dieux.
Mais qu'en effet l'aveugle sort déploie
Peu d'équité dans ses dons les plus doux !
Patrocle, hélas ! gît sous les murs de Troie,
Thersite vit et triomphe avec nous.
  Puisque de l'urne funeste
  Les lots tombent au hasard,
  Qui parmi les vivans reste
  Doit bénir sa bonne part."

Des plus vaillans la mort atteint les têtes.
Ton nom si cher, ô frère généreux!
Sera chanté par la Grèce en ses fêtes.
Dans les combats, qui la défendit mieux?
Oui, nos vaisseaux, au jour de la détresse,
Furent sauvés, Ajax, par ton seul bras,
Et cependant un autre, par adresse,
Obtint le prix qu'en vain tu réclamas.
    Que la paix soit sur ta cendre,
    O toi, le plus fort de tous!
    Ton sang n'a pu se répandre
    Que par ton propre courroux."

Pyrrhus s'adresse aux mânes de son père;
Et d'un vin pur faisant couler les flots:
„De tous les sorts célébrés sur la terre,
Nul ne l'est plus que le tien, grand héros.
De tous les biens, le premier c'est la gloire.
Ton corps périt au fond d'un monument;
Mais l'univers conserve la mémoire
D'un nom si cher, vanté si justement.
    Les poëtes d'âge en âge,
    Rediront dans leurs accords
    Que la gloire est ton partage;
    Et tu vivras chez les morts.

„Vous oubliez, dit le fils de Tydée,
Dans vos chansons un héros malheureux;
Justice au moins lui doit être accordée.
Hector mourut pour son peuple et ses dieux.
En le plaignant honorez sa mémoire;
Il succomba, du sort abandonné.
Mais dans la lutte il acquit plus de gloire
Que le vainqueur de lauriers couronné.
  Du chef qui donna sa vie
  Pour ses dieux et son pays,
  La gloire sera chérie,
  Même par les ennemis."

Le vieux Nestor, lui qui vécut trois âges,
Prend, d'un bras faible, avec précaution
La coupe d'or qu'ornaient de verts feuillages,
Et va chercher la reine d'Ilion,
La triste Hécube, aux yeux remplis de larmes.
„Bois, lui dit-il, cette douce liqueur;
Tous les objets ont par elle des charmes;
Elle adoucit tous les traits du malheur.
  Bois la liqueur bienfaisante,
  Merveilleux don de Bacchus:
  Elle console, elle enchante;
  Bientôt la douleur n'est plus."

Pleine du dieu dont elle fut prêtresse,
Cassandre alors, d'un vaisseau contemplant
Ce qu'ont détruit les guerriers de la Grèce,
Et d'Ilion le sol encore fumant:
„Tout n'est que cendre et vapeur sur la terre,
A-t-elle dit; des mortels orgueilleux
Tout le pouvoir n'est que vaine chimère,
Rien n'est constant que la grandeur des dieux.
   Puisque des soucis la troupe
   Coursiers et vaisseaux poursuit,
   Du plaisir vidons la coupe
   Et sachons vivre aujourd'hui.

XVIII.

LE CHANT DE LA CLOCHE.

Vivos voco, mortuos plango, fulgura frango.

Le moule est fixé dans la terre.
Et l'argile attend le métal ;
La cloche aujourd'hui doit se faire.
Courage, amis ; vite au travail ;
Il faut que la sueur sans cesse
Coule du front de l'ouvrier ;
Qu'à son œuvre on le reconnaisse :
Dieu le protège en son métier.

Préparant une œuvre solide,
Parlons-en d'un ton sérieux.
Quand un sage discours le guide,
Le travail toujours s'en fait mieux.
Qu'un œil attentif s'intéresse
Même au succès du moindre effort.
J'estime peu l'homme qui laisse
Son œuvre aller au gré du sort.
N'est-ce pas ce qui nous honore,
Le privilége des humains,
De faire en notre tête éclore
Ce qui doit sortir de nos mains?

Que la flamme toujours augmente,
Pour qu'elle se prête à nos fins ;
Et, pour la rendre plus ardente,
Prenez le bois sec des sapins.
Déjà le cuivre était liquide :
Ajoutez l'étain promptement,
Que le mélange, plus rapide,
S'opère plus facilement.

Cloche qu'avec le secours de la flamme
Nos mains formaient dans ce profond fossé,
Bientôt s'élève, et notre œuvre proclame
Du plus haut point du clocher exhaussé.
Combien de fois le cercle de l'année
Elle verra passer en se faisant ouïr,

De chants religieux souvent accompagnée ;
Avec les affligés on l'entendra gémir.
   Tout changement, soit fatal, soit prospère,
Les grands arrêts du maître souverain
Sont annoncés aux enfans de la terre
   Par les graves sons de l'airain.

   De blanches bulles d'air s'élèvent,
La masse entière se dissout,
Que les sels de la cendre achèvent
De fondre en pénétrant partout.
Que toute matière étrangère
Soit écartée avec grand soin,
Pour que la fonte au mieux s'opère
Et que le son s'entende au loin.

   Ses sons joyeux annoncent une fête ;
La cloche appelle un enfant nouveau-né,
Dont au baptême on présente la tête,
Tandis qu'il dort, doucement incliné.
Nul ne connaît les secrets de sa vie,
Les biens, les maux qui lui sont destinés.
Sur son berceau sa mère veille et prie ;
Les premiers jours au moins sont fortunés.
Des jours, des ans, rapide est le passage ;
Bientôt l'on voit le fier adolescent
Se séparant des filles de son âge,
Et dans la vie à grands pas s'élançant

En étranger, sous le toît de son père,
Est-il rentré? C'est alors qu'à ses yeux
S'offre un objet, le charme de la terre,
Et qu'on croirait être venu des cieux.
D'un sentiment qui ne peut se nommer,
Le jeune homme se sent agiter et charmer.
Il se retire, et loin de ses amis il reste,
Quand à leurs jeux ils voudraient l'animer.
Sans nul chagrin, ses yeux sont pleins de larmes;
En rougissant il va chercher les pas
De sa belle; va s'enivrant des charmes
D'un doux regard qu'on ne détourne pas;
Dans la prairie il cueille en abondance
Riantes fleurs qu'il offre tous les jours;
Tendres désirs, séduisante espérance,
Momens chéris des premières amours!
Le jeune amant à peine peut suffire
A son bonheur. Il voit, dans son délire,
Les cieux ouverts. Oh! s'il durait toujours,
Cet heureux temps des premières amours!

Si ma baguette, et je l'espère,
En la plongeant dans le creuset,
Revêt une couche de verre,
A couler le métal est prêt.
Oui, tes tubes déjà brunissent;
Voyons si l'œuvre s'accomplit,
Et si les contraires s'unissent,
Si la fusion réussit.

Pour obtenir la parfaite harmonie,
Il faut unir la force à la douceur.
Qu'il cherche donc, celui qui pour toujours se lie,
A s'assurer d'un cœur qui réponde à son cœur.
Elle n'a qu'un moment l'amoureuse folie,
　　Le repentir la suit, hélas c'est pour long-temps.
Voyez la jeune épouse en son heureux printemps.
Oh! qu'elle est belle alors que de fleurs couronnée,
A l'appel de la cloche aux autels amenée,
Elle marche à la fête ; hélas! et ce beau jour
Souvent est le dernier du bonheur de l'amour.
　　　Avec le voile et la ceinture
　　　Souvent tombe l'illusion.
　　　Mais que l'amour épuré dure
　　　Et survive à la passion,
　　　Ainsi qu'on voit dans la nature
　　　Le fruit paraître après la fleur.

L'homme, en sa vigueur
Combat les écueils de la vie,
Actif, adroit, plein d'industrie,
Il rassemble de toutes parts
Les élémens de la richesse,
Use de force et de finesse ;
Nul gain n'échappe à ses regards ;
　　　Il sème, il plante,
　　　Il se tourmente.
Chaque jour au travail le premier, le dernier ;
　　Il trouve enfin sa récompense ;
Domaines et maisons, tout s'étend ; l'abondance

Vient habiter en son grenier,
Et sa modeste ménagère,
De ses enfans la digne mère,
Gouverne sagement
Le cercle de famille,
 Son fils réprimant,
 Instruisant sa fille;
 D'une agile main,
Filant et la laine et le lin.
Ses soins de chaque objet ont assigné la place.
Elle emplit le buffet de trésors; elle entasse
Dans les coffres épais, brillans de propreté,
Toile blanchie et drap bien aprêté
A la solidité sait unir l'élégance,
Partout fait régner l'abondance,
 Et ne se repose jamais.

Le père cependant, du haut de la colline
 Qui terres et maisons domine,
Proméne autour de soi des regards satisfaits:
Arbres chargés de fruits et vastes granges pleines,
 Et dans les champs féconds,
Les vents chauds agitant d'ondoyantes moissons;
 Que manque-t-il à ses domaines?
 Il s'écrie orgueilleusement:
„Non, la terre n'a point de plus sûr fondement,
Que ne sont ceux de ma richesse!"
Pauvre mortel! avec le sort
Penses-tu pouvoir fair accord?
Il est tout près le jour de ta détresse.

La cassure est bien dentelée ;
Mais avant que de la percer,
Prions, et la grâce appelée
Puisse-t-elle nous exaucer !
Dieu veuille protéger le moule ;
Ouvrons une issue au métal ;
Qu'il bouillonne et fume et s'écoule
En noirs torrens dans le canal.

Oh ! que du feu la force est bienfaisante,
Quand pour ses fins l'homme sait la dompter !
  Par elle seule il peut exécuter
  Les œuvres qu'il invente.
C'est un beau don du ciel ; mais dès que s'échappant,
 A sa nature on le voit retournant,
Ce n'est plus l'instrument de la faveur divine ;
Elle n'opère plus que désordre et ruine.
Quand, cessant d'obéir, le feu va dominant,
   Et sans résistance augmentant,
   Roule ses vagues monstrueuses,
   Malheur aux cités populeuses !
   Les élémens sont ennemis
   Des travaux par l'homme accomplis.
    Du sein d'un nuage
Tombent la douce pluie et la fécondité ;
  Mais le noir et fatal orage
  Par un nuage est de même apporté.
Entendez-vous ce son plein d'épouvante ?
   C'est le tocsin.
Au ciel quelle rougeur sanglante
   Paraît soudain !

Du jour ce n'est point la lumière ;
   Tumulte affreux !
La fumée, en noire poussière,
S'échappe à travers mille feux.
La flamme s'élève en colonne,
   Et, pétillant,
Aussi rapide que le vent,
Descend la nue, et craque et tonne,
Et de tous côtés se répand.
   Les airs s'embrasent,
   Les toits s'écrasent ;
   On voit, on entend
   Poutres se brisant,
   Vitres se fendant,
   Et, dans leur détresse,
   Les enfans gémir,
   Les mères courir ;
   Tout fuit, tout s'empresse,
Les animaux, sous les débris,
Poussent de lamentables cris.
De cette nuit la clarté déplorable
Plus que le jour frappe l'œil ébloui ;
Enfin la chaîne secourable
S'établit ; mille mains travaillent à l'envi ;
On fait voler les seaux, le secours se partage.
L'eau jaillit dans les airs et retombe en torrens ;
   Mais un rapide vent d'orage
Siffle et vient se mêler à ces feux dévorans.
La flamme se ranime et s'étend et pénètre
   Dans les greniers, granges et magasins.
Semble-t-il pas que tout va disparaître,
Qu'elle entraîne au néant le séjour des humains.

Quand vers les cieux elle s'élance
Ainsi qu'un géant destructeur?

L'homme privé d'espoir se résigne au malheur :
Il ne s'agite plus; dans un profond silence
De son travail il voit périr les fruits,
Il voit ses ateliers détruits,
Sa maison vide et délabrée,
N'ayant d'autre toit que la voûte des cieux :
D'une fenêtre démembrée
S'approche-t-il? O spectacle hideux!
L'horreur seule habite en ces lieux.
Sur le tombeau de sa fortune
Il jette encore un long regard....
Son bâton seul lui reste; il le saisit et part.
Son courage renaît au moment du départ;
Du sort la rigueur importune
S'adoucit, un trésor à son coeur est rendu,
Ses enfans l'ont rejoint sortant de l'incendie;
Il compte avec effroi chaque tête chérie,
Il compte, il n'en a point perdu.

Le métal reçu dans la terre
Remplit la forme exactement :
Mais quelque bien que l'on espère,
Est-on sûr de l'événement?
Peut-être alors que l'on se flatte
En tout du succès désiré,

Que le moule en morceaux éclate,
Que le malheur est assuré!
Au sein ténébreux de la terre
Nous confions les œuvres de nos mains :
Le laboureur aussi la rend dépositaire
Du grain fécond qui nourrit les humains.
Un dépôt bien plus cher, arrosé de nos larmes,
Se place au fond d'un noir cercueil.
Mais il en sortira, plein de gloire et de charme;
Pour prospérer au lieu où finira tout deuil.

Du haut du dôme,
La cloche fait ouïr de profonds tintemens;
C'est pour marquer les mouvemens
Du dernier voyage que l'homme
Fait sur la terre des vivans.

Hélas, c'est un épouse, une mère chérie,
Que l'affreux souverain des morts
Entraîne sur les sombres bords ;
A son époux elle est ravie ;
Et ces tendres enfans qu'avec tant de plaisir
Autour d'elle elle eût vus grandir,
Ne verront plus que des jours sombres,
Leur mère est au pays des ombres.
Les nœuds dont son amour les tenait entourés,
Ces nœuds chéris sont déchirés.
Adieu la paix, les jeux et la gaité folâtre,

Et les douces leçons, et les vigilans soins,
Car, sans amour, une marâtre
Gouvernera les tristes orphelins.

La cloche n'est pas refroidie,
Attendez, et de vos travaux
Reposez-vous, car c'est férie,
Comme au bocage les oiseaux.
Sitôt que la retraite sonne,
Que l'étoile du soir paraît,
Au repos l'ouvrier s'adonne,
Le maître seul point n'en connaît.

Voyez-vous ce piéton, qu'un pénible voyage
A conduit loin d'un tranquille séjour,
Du sein d'une forêt sauvage,
Comme à grands pas il hâte son retour
Vers sa demeure humble et chérie?

La bélante brébis de la prairie,
Le bœuf au front large et luisant,
Rentre en mugissant
Dans son étable accoutumée,
Et le lourd chariot chancelle en avançant
Sous sa charge de blé fortement comprimée.
Sur les épis dorés la couronne de fleurs

  Brille des plus vives couleurs.
Tout le peuple joyeux des jeunes moissonneurs
   Court à la danse.
  Déjà s'établit le silence
Dans la rue et la place où se tient le marché
Le paisible habitant déjà s'est rapproché
  Du foyer où le feu pétille.
   La porte de la ville
   Sur ses gonds a roulé.
   Bientôt, cessant d'être visible,
   L'univers par l'ombre est voilé :
Mais le bon citoyen sur sa couche paisible,
  D'aucune frayeur n'est troublé.
  Il sait que l'œil de la loi veille
Sur le méchant qui jamais ne sommeille.

L'ordre est un don de la Divinité,
  C'est sa vertu si bienfaisante
  Qui rétablit l'égalité,
  Et par l'union la cimente,
  Qui, rappelant du fond des bois
  Les mortels errans et sauvages,
  Aux cités imposant des lois,
  Règle les moeurs et les usages ;
  Partout aux citoyens unis
  Donne l'amour de leur pays.
  Combien de mains industrieuses
  Se prêtent un heureux secours !
  Combien de forces précieuses

Se déploient dans ce concours !
Ouvriers et chefs de maîtrise
Se complaisent dans des labeurs
Que la liberté favorise,
Et méprisent d'oisifs railleurs.
Que de biens le travail leur donne !
L'honneur au gain pour eux vient s'allier.
Respectons le Roi sur son trône,
Le bourgeois dans son atelier.

Douce paix, aimable concorde
Sur notre ville arrêtez-vous,
Que le Ciel à nos vœux accorde
De vous voir toujours parmi nous :
Puisse-t-il ne jamais paraître
Le jour où de cruels guerriers
Viendraient dévaster et soumettre
Notre vallon et nos foyers !
Que jamais l'horizon, où d'un éclat paisible
Les rayons du soleil doucement répétés
S'offrent à nos yeux enchantés,
Ne se peigne des feux de l'incendie horrible
Des villages et des cités !
Brisons ce bâtiment fragile ;
Le but est rempli désormais ;
D'un œil satisfait et tranquille,
Nous allons jouir du succès.
Employez du marteau la force,
Frappez, brisez de toutes parts :

Que, sortant comme d'une écorce,
La cloche brille à nos regards.

De l'habile ouvrier la main savante et sage
Vient enlever la forme alors qu'il en est temps ;
Mais gardez que, lui seul se frayant un passage,
Le métal enflammé ne coule en s'échappant,
Qu'avec un bruit semblable au fracas du tonnerre,
Renversant la prison qui l'avait enfermé,
Il n'entraîne avec lui le malheur sur la terre ;
C'est un foudre d'enfer, tout en est consumé,
Comme la force brute, aveugle, inévitable,
Dans son élan rapide et formidable,
Ne peut que renverser, briser, anéantir,
   Sans jamais fonder ni bâtir.
Par sa seule force affranchie,
La populace aussi ne produit qu'anarchie.
   Malheur aux sages citoyens,
Quand au sein des cités s'allume l'étincelle ;
   Qu'une masse immense et rebelle,
   A son tour aux tyrans cruelle,
   Se fait justice par ses mains !
   Cloche, quel est alors ton déplorable usage ?
   Tes sons invitent au carnage,
C'est la sédition qui t'ébranle en hurlant,
   Et, se suspendant à la corde
   En un instrument de discorde,
A changé de la paix l'innocent instrument :
   De toutes parts un seul cri se répète,
   La liberté, l'égalité !

Le citoyen paisible alors craint la tempête,
 Et s'arme pour sa sûreté.
 Déjà la cité s'est remplie
 De hordes de vils malfaiteurs,
 Ajoutant l'atroce ironie
 A leurs plus sanglantes fureurs ;
 Des femmes, comme les panthères,
 Du sein d'un ennemi mourant
 Arrachent un coeur palpitant.
Tous les noeuds sont rompus ; plus d'amis, plus de frères,
Plus de respect, plus de loi, plus de frein,
Le mal partout prend la place du bien.
Du lion gardons-nous d'exciter la colère :
Craignons du tigre aussi la redoutable dent ;
Mais le pire ennemi que l'homme ait sur la terre,
 C'est l'homme en son délire ardent.
Malheur à qui remet le flambeau des lumières,
Ce don céleste, aux mains de l'aveugle insensé ;
Il ne l'éclaire point, mais, par lui renversé,
Sur les champs, les forêts et les villes entières
Il épanche ses feux ; tout en est allumé,
 En cendres tout est consumé.

 De sa bonté Dieu donne un gage.
 Voyez comme en étoile d'or
 Le ceintre brillant se dégage
 Du moule qui le cache encor ;
 Des écussons, des armoiries
 L'exact et délicat dessin,
 Les contours et les broderies,
 Font du maître admirer la main.

8

Formons les rangs, qu'à ma voix tout s'approche,
Maître, ouvriers ; venez, baptisons la cloche.
Son nom sera *Concorde*, il est d'augure heureux :
Puissent toujours ses sons, répondant à nos vœux,
Ne rassembler que cœurs unis et vertueux.

    Voici pour quel but on l'a faite,
    Voici son sort et sa vocation,
  Que sur la tour s'élevant jusqu'au faîte,
    Et qu'habitant la haute région,
Elevée au-dessus des choses de la terre,
    Où dans les airs se forme le tonnerre,
    Se rapprochant des astres lumineux,
    Sa voix se joigne à celle de ces feux
    Qui du Dieu fort nous racontent la gloire,
    Sur qui des ans se dirige le cours.
Que sa bouche d'airain nous annonce toujours
De sublimes objets et dignes de mémoire,
    Que par l'aile du temps,
    A chaque heure écoulée,
    La cloche résonne ébranlée,
Et, l'organe du sort, lui prête ses accens ;
    Quoique sans ame et sans intelligence,
    C'est toutefois sa voix qui nous instruit
    Des changemens que le temps nous dispense,
    Elle nous parle, elle enseigne avec fruit.
    Ses graves sons, mourant dans le silence,
    En peu d'instans ne nous disent-ils pas:
    Tout n'est que bruit et fumée ici bas?
    Et maintenant, l'ayant tirée

De ce fossé, nous la plaçons
Au sein de la plaine éthérée,
Ce vaste domaine des sons.
Hâtons-nous donc de la suspendre ;
Aux premiers sons qu'elle rendra
La joie au loin va se répandre,
C'est la paix qu'elle annoncera.

XIX.

LE COMTE DE HABSBOURG.

Entouré de l'éclat d'une auguste couronne,
    Rodolphe, nouvel empereur,
Etait assis, le jour qui le mit sur le trône,
    Au banquet fait en son honneur.
Dans un ancien palais, au sein d'Aix-la-Chapelle,
Les plats étaient portés par le grand palatin,
L'électeur de Bohême égayait le festin
En faisant circuler le doux jus de la treille.
Tous les sept ils servaient leur maître glorieux,
Tels autour du soleil sont les astres des cieux.

Et la foule joyeuse incessamment se presse
    Dans les cours et sous les balcons,
Et l'on entend les cris et les chants d'allégresse
    Se mêler au bruit des clairons.
Après les longs tourmens d'une cruelle guerre
L'interrègne est fini, ce règne de malheur,
Où le glaive frappait en aveugle oppresseur,
Un équitable juge est placé sur la terre.
Le faible ne craint plus le fort, et désormais
Tout se dispose au gré des amis de la paix.

L'empereur prend la coupe, et sur toute la table
    Jetant des regards satisfaits:
„Cette fête, dit-il, est brillante, agréable,
    Et répond à tous mes souhaits.
Il n'y manque plus rien pour combler l'allégresse
Qu'un de ces troubadours dont les douces chansons
Mêlent à nos plaisirs de sublimes leçons ;
Mon cœur en fut charmé dès ma tendre jeunesse.
Si, simple chevalier, j'en ai fait mon bonheur,
Est-il juste aujourd'hui d'en priver l'empereur?

Lors dans la vaste salle, à grands frais décorée,
    Un chanteur s'avance à pas lents,
Il porte longue robe, et sa tête est parée
    De cheveux blanchis par les ans.
„Le luth renferme en soi la plus douce harmonie,
Dit-il ; du tendre amour nous chantons les faveurs,
Tout ce qui plaît aux sens, ce qui ravit les cœurs,
Et les grandeurs du trône et les dons du génie.
Parlez, seigneur, quel chant sera digne en ce jour
De plaire à l'empereur en sa brillante cour?"

L'empereur lui répond avec un doux sourire :
    „Ici je ne fais point la loi,
Je ne donne point d'ordre aux enfans de la lyre ;
    Leur maître est plus puissant que moi ;
Car, semblables aux vents d'origine inconnue,
Aux torrens dont la source est cachée à nos yeux,
Les trésors de l'esprit, profonds, mystérieux,
Inspirant le poète en sa verve ingénue,
Et soutenant sa voix, lui prêtent ces accens,
Qui vont au fond des cœurs chercher les sentimens."

Le troubadour alors d'un jeu ferme et rapide
    Parcourt la lyre, y joint sa voix :
„Un noble chevalier suivait le daim timide
    A travers l'épaisseur des bois ;
L'arc et les javelots, le carquois, l'arbaléte,
Après lui sont portés par son jeune écuyer,
Et lui-même il montait un superbe coursier.
Tout-à-coup il entend le son d'une clochette ;
Un prêtre, accompagné d'un seul enfant de choeur,
S'avançait en portant le corps de son Sauveur."

„Le comte à cet aspect descend, fait mieux encore,
    Il se prosterne à deux genoux ;
Comme un chrétien sincère humblement il adore
    Le Dieu qui nous a sauvés tous.
Un ruisseau débordé fuyait dans la prairie,
Ce n'était plus ruisseau ; l'orage tout récent,
En grossissant ses eaux, l'avait rendu torrent.
Le prêtre à cet aspect ne recule et ne crie ;
Déposant un instant son précieux fardeau,
En hâte il se déchausse et veut traverser l'eau."

„Le comte tout surpris dit : Quelle tentative!
 Vous allez braver le torrent?
Seigneur, dit le curé, j'allais sur l'autre rive
Pour me rendre aux vœux d'un mourant;
J'ai trouvé le ruisseau débordé dans la plaine,
Le pont tout couvert d'eau ne se peut traverser,
Mais je n'en suis pas moins résolu de passer.
Faut-il donc du salut priver cette ame en peine?
Je vais plutôt franchir le torrent à pieds-nus,
Et regagner ainsi tous les instans perdus."

„Non pas, dit le seigneur, mais prenez ma monture;
 Courez par le plus court chemin,
Et portez au mourant la céleste pâture.
 Il lui remet la bride en main,
De l'écuyer pour lui prend le cheval agile
Et retourne à la chasse au gré de son plaisir.
Le prêtre va remplir sa tâche et son désir,
Et prompt à s'acquitter d'un devoir plus facile,
Dès le matin suivant, paraît en ramenant
Le beau cheval qu'en laisse il tient modestement."

„Vraiment, ne plaise à Dieu, s'est écrié le comte,
    En toute humilité de cœur,
Que pour chasse ou combat ce cheval je ne monte,
    Puisqu'il a porté mon Sauveur.
Si vous le refusez pour votre propre usage,
A l'église du moins il sera destiné.
N'est-ce pas à mon Dieu qu'hier je l'ai donné,
A celui dont je tiens par droit de vasselage
Tous mes biens temporels et jusques à l'honneur,
Et la vie et le sang qui fait battre mon cœur?"

„Oh! puisse le Très-haut, que ma faiblesse implore,
    Dit alors le prêtre inspiré,
Ici bas comme au ciel vous prouver qu'il honore
    Tous ceux qui l'auront honoré!
L'Hélvétie à bon droit vous aime et vous révère
Comme un preux chevalier, comme un puissant seigneur;
Mais combien l'avenir vous réserve d'honneur!
De six jeunes beautés vous êtes l'heureux père;
Vous les verrez s'unir à six princes fameux,
Et jusqu'aux derniers temps brilleront vos neveux."

L'empereur, attentif et la tête baissée,
    Du conteur entend le récit,
Et sur les derniers mots arrêtant sa pensée,
    Le regarde alors qu'il finit.
Les traits du troubadour éveillent sa mémoire,
C'est le curé.... Soudain, sentant ses pleurs couler,
Sous son manteau de pourpre il veut les dérober.
Les convives émus ont compris son histoire,
Comment Dieu l'a conduit par des chemins secrets,
Et de la Providence adorent les décrets.

XX.

A UN ENFANT.

Joue, innocent enfant, sur le sein de ta mère,
Asile où n'atteint point le chagrin ni l'effroi,
Où les bras maternels forment une barrière
    Entre l'abîme et toi.

Tu souris au torrent profond et redoutable,
Au torrent de la vie, à tes pieds s'écoulant;
Nature et liberté, quoi de plus désirable ?
    Joue, innocent enfant.

Le vague sentiment de ta force naissante
Est bien doux; il te reste un jour pour en jouir,
Et bientôt le travail, le devoir qui tourmente,
    Te viendront asservir.

XXI.

LE SALUT DU REVENANT.
(d'après l'allemand de Goethe.)

Sur le haut de la tour antique,
S'élève l'ombre du guerrier,
Et sa voix sombre et prohétique,
  Salue ainsi le frêle nautonnier :

„Voyez, dit-il, dans ma vive jeunesse
Ce bras était puissant, ce cœur fut indompté ;
Et tour-à-tour j'ai savouré l'ivresse
  Des festins, de la gloire et de la volupté.

„La guerre a consumé la moitié de ma vie ;
Pendant l'autre moitié, j'ai cherché le repos,
N'importe, passager, satisfais ton envie,
  Hâte ta barque et fends les flots !"

II.

ESSAIS POÉTIQUES.

I.

LES REGRETS *).

Emule de Sapho, ma divine Eugénie!
Depuis le jour fatal, témoin de nos adieux,
Je sens s'éteindre en moi la flamme du génie;
Ton poète n'est plus un favori des dieux.

---

*) Le génie poétique s'éteint avec le feu de la jeunesse; l'âge refroidit l'imagination comme il glace les sens; les muses ont cela de commun avec leur sexe, qu'elles n'aiment point les cheveux blancs...... L'auteur éprouve cette vérité, en comparant ce qu'il sut faire dans sa jeunesse à ce qu'il voudrait en vain faire aujourd'hui. Tel est le sujet de cette élégie composée en 1804.

Loin des feux du soleil, des larmes de l'aurore
Un moment voit flétrir le calice des fleurs ;
Loin de toi, mon talent passe plus vite encore
Et son déclin funeste ajoute à mes douleurs.

Souviens-toi de ces jours d'ivresse et de délices,
Quand ton magique amour protégeait mes destins,
Alors que, de ma gloire agréant les prémices,
La couronne de myrte éclatait en tes mains.

Dans un cœur douloureux, qu'attriste la mémoire.
De nos chastes plaisirs, de nos tendres transports
Réveille les élans de l'amour de la gloire ;
Sans toi ma lyre en vain chercherait des accords.

Tu n'as point éprouvé de changement funeste,
J'en atteste les chants soupirés par ta voix ;
Ta muse est la douceur, oui, ta lyre céleste
Cent fois plus douce encor, résonne sous tes doigts.

II.

AUTRE ÉLÉGIE DE LA MÊME ÉPOQUE.

Est-ce pour moi que tu verses des larmes
Sensible aurore, et vous légers zéphirs?
Quand une amante insulte à mes alarmes,
Est-ce mon sort qui cause vos soupirs?

Quels sons plaintifs! j'entends dans la campagne
Gémir au loin le ramier amoureux;
Il a perdu sa fidèle compagne,
Tous les amans sont-ils donc malheureux?!

Sur mille objets ma tendresse est tracée,
C'est son pinceau qui colora ces fleurs;
La violette et la triste pensée
Dans la prairie expriment mes douleurs.

III.

TROISIÈME ÉLÉGIE DE LA MÊME ÉPOQUE.

Solitaire et pensif je fuis vers le rivage,
Je cherche sur ses bords le repos de mon cœur ;
Mais en vain j'y voudrais appaiser mon ardeur,
D'Adélaïde ici tout retrace l'image.
Je crois la voir dans chaque fleur ;
Souvent elle a porté ses pas vers ce bocage ;
Et le même zéphir qui, dans nos jeux charmans,
Faisait flotter sa robe en replis ondoyans,
Et qui rafraichissait les lys de son visage,
Agite en ce moment ce mobile feuillage.
Partout elle respire, elle vit à mes yeux !
Ah ! fuyons ! le danger me poursuit en ces lieux.
Que m'importe à présent leur fraicheur et leur ombre ?
Tout est brûlant dans ce séjour,
Et jusqu'au fond des bois, dans le lieu le plus sombre !
Je ne retrouve que l'amour !

IV.

CONSOLATIONS DANS L'ADVERSITÉ.

1.
LE BONHEUR ILLUSOIRE.

Bonheur, séduisante chimère !
Ton image pleine d'attraits
N'a qu'une beauté passagère
Dont le tems efface les traits.
Envain le sommeil te prolonge ;
Un prompt réveil vient t'agiter.
O bonheur ! si tu n'es qu'un songe,
Heureux qui peut toujours rêver.
Mais quel bonheur me fait envie,
Quel est le malheur que je vois ?
Un songe hélas ! telle est la vie ;
Illusions, voilà ses lois.

2.
LE SOUVENIR.

Le Souvenir, présent céleste,
Ombre des biens que l'on n'a plus,
Est encore un plaisir qui reste
Après tous ceux qu'on a perdus.

C'est un de nos plus doux partages,
Car la mémoire fait jouir ;
Plaisirs, vous seriez trop volages
Sans le bienfait du souvenir.

Du sort le bizarre caprice
Attirant sur moi le malheur,
J'ai, pour braver son injustice,
Le souvenir de mon bonheur.

Pour calmer l'aigreur de mon ame,
Dans les instans de sa douleur,
Je lui retrace en traits de flamme
Le souvenir de mon bonheur.

Et lorsque par un doux mensonge
Je me console en mon malheur,
Je suis heureux tant que je songe
Au souvenir de mon bonheur.

Des erreurs de l'adolescence
Le temps cherchant à nous guérir,
Nous amène l'expérience
Sur les ailes du souvenir.

L'amour qu'en changeant on offense,
Se plaint de cet oubli du cœur ;
Il a raison, car la constance
Est le souvenir du bonheur.

3.

L'AMITIÉ

Oui l'amitié charme nos peines,
Elle est un baume à nos douleurs ;
En nous faisant aimer ses chaînes
Souvent elle sèche nos pleurs.

Si quelquefois un sort contraire
Vient affliger un digne ami,
Comme lui son ami sincère
Est frappé du coup ennemi.

Qu'un bonheur vienne le surprendre,
Il n'en garde qu'une moitié ;
Car il fera, sans plus attendre,
De l'autre hommage à l'amitié.

Ah ! plaignons l'être qui s'isole.
Il perd le fruit de ses malheurs ;
Mais quand l'amitié le console,
Il peut jouir de ses douleurs.

Amitié, reprends ton empire
Sur l'aveugle dieu des amans ;
Dans le bonheur il peut suffire,
Toi, tu nous charme en tous les tems.

L'amour allume vive flamme ;
Tu formes solide lien ;
Il n'est que le plaisir de l'ame,
Mais toi seule en es le soutien.

4.

LE SOMMEIL.

Du travail aimable soutien,
Trésor bien cher à l'indigence !
Sommeil ; tu nous fais plus de bien
Que n'en peut donner l'espérance.
Lorsqu'un enfant, au teint vermeil,
Dort près de sa mère attendrie,
C'est une fleur que le sommeil
Ouvre doucement à la vie.

Morphée, en flattant nos désirs,
Souvent amène un doux mensonge ;
Richesses, honneurs et plaisirs !
Quels biens ne donne pas un songe !

5.

LES LARMES.

Douces larmes dont la nature
Adoucit les peines du cœur,
Vous cicatrisez la blessure
Dont nous souffrons dans le malheur.

Vous resserrez de tendres chaînes,
Vous peignez l'ardeur des désirs,
Vous savez adoucir les peines
Et vous vous mêlez aux plaisirs.

Jamais le pinceau du poète
Rendra-t-il le charme des pleurs ?
Non, leur éloquence muette
De l'art efface les couleurs.

Quand la douleur perce notre ame,
Quand nous perdons des amis chers ;
Sensible larme est un dictame
Appaisant nos chagrins amers.

Le plaisir lui-même l'enfante,
Elle mouille yeux attendris ;
Elle rend sa langueur touchante
Plus séduisante que les ris.

Ce magique et douloureux charme
Console, afflige tour-à-tour ;
Tout cède au pouvoir d'une larme,
L'orgueil et la haine et l'amour.

———

6.

L'ESPÉRANCE.

Ne disons point : l'espérance est trompeuse.
Quand les événemens abusent nos désirs ;
Toujours elle adoucit nos tristes déplaisirs.
Dans nos revers compagne affectueuse,
Elle est de la constance un modèle nouveau.
En faisant supporter les peines de la vie,
Et près de nous la voir ravie,
Elle nous suit encore sur les bords du tombeau.

De la fortune à tort on se plaint tous les jours,
Pourquoi lui reprocher d'user de préférence?
Equitable envers tous, elle donne toujours
La crainte au cœur du riche, au pauvre l'espérance.

7.

LA RECONNAISSANCE.

O divine reconnaissance!
Reçois mon hommage pieux.
Par toi je goûte l'existence,
Par toi seule je suis heureux!
Que la perfide ingratitude
Offre à d'autres ses faux plaisirs;
Pour émouvoir une ame sage
Il n'en faut jamais d'avantage
Que de connaître tes attraits.
C'est par ton aimable esclavage
Qu'un cœur sensible a l'avantage
D'immortaliser ses bienfaits.

V.

L'AMOUR ET L'AMITIÉ.

Aisément à l'amour l'amitié nous entraîne !
C'est un penchant si doux, qu'on y cède sans peine ;
Mais s'il faut de l'amour passer à l'amitié,
Que le cœur qu'on y force, est digne de pitié !

Mais où trouver hélas ! un ami véritable ?
De la douce amitié les temples sont déserts ;
De son frère cruel le culte condamnable
Lui ravit la moitié des cœurs de l'univers.

VI.

LES DEUX SOURCES.

Fable.

Deux sources à-la-fois d'un rocher jaillissaient
Dans un terrain fangeux leurs ondes fraternelles,
Pleines d'un noir limon à la fois.
 „Eh quoi! ma sœur, dit un jour l'une d'elles,
 Languirons-nous toujours dans un honteux repos?
Voyageons. — Soit! — je veux m'amuser; — moi, m'instruire.
Vous instruire? fi donc! ma sœur, vous voulez rire.
De plaisirs en plaisirs je veux rouler mes flots:
Bon voyage!" A ces mots, notre folle la quitte,
 De roc en roc roule, se précipite:
Ici fière cascade et là torrent fougueux,
 Tantôt pénètre en terre, et tantôt monte aux cieux.

Bien plus sage, sa sœur, sur une molle arène,
Sur des cailloux polis lentement se promène;
Et, de mille ruisseaux, plus claire tous les jours,
Voit tous les jours grossir ses ondes fortunées.
Qu'arriva-t-il? Après de longs détours,
Dans leur séjour natal nos sœurs sont retournées.
Mais, dieu! quel changement dans leurs eaux, dans leur cours!
L'une, source autrefois, mais aujourd'hui rivière,
Joignant à son tribut ceux d'une onde étrangère,
De ses eaux en tout lieu promène les bienfaits,
Et, chère à son pays, fertilise la terre.
De limons étrangers infectée à jamais,
Sa sœur se traîne-à-peine; et plus faible et plus noire,
Fléau de son pays, se transforme en marais....
,,O voyageurs! leur fable est votre histoire."

VII.

LES DEUX CHIENS.

(Fable imitée de l'allemand de Gellert.)

Maurice avait deux chiens de diverse couleur ;
Favori, par ses tours, ses sauts et ses gambades,
Avait su captiver son cœur :
On le menait partout ; sans lui les promenades
N'avaient pas d'agrémens ; il cherchait le mouchoir,
Savait monter la garde et donnait bien la patte.
Chacun près de soi veut l'avoir ;
On le caresse, on le baise, on le flatte ;
Mais souvent le méchant mordait
Quand on lui faisait des caresses.
A contre-temps il aboyait :
On nommait cela gentillesse,
Et quoi qu'il fît, on l'admirait.

L'autre, appelé *Fidèle*, était tout le contraire ;
Dans les beaux-arts il n'était point instruit
Et n'avait pas le don de plaire,
Mais il était très-bon Cerbère ;
Vigilant, rodant jour et nuit,
Ou suivant son maître à la chasse,
Infatigable et plein d'audace.
Souvent il n'avait que des coups,
Hélas ! pour toute récompense ;
Et cependant il n'était point jaloux
De ce que l'autre avait la préférence.
Ce pauvre chien mourut ; à peine en la maison
De lui fut-il fait mention.
Mais bientôt tout fut en alarmes
Quand pareil sort menaça Favori.
Ni les tendres soins, ni les larmes
Ne purent cependant sauver ce chien chéri.
Il mourut à son tour, et ce d'une colique.
Un poète aussitôt fit son panégyrique.
Que de grâce il avait ! c'était un chien parfait !
Le modèle des chiens, un animal unique !....
C'est ainsi que le monde est fait !
Etre bon, ce n'est rien, il faut être agréable !
On pardonne au méchant, pourvu qu'il soit aimable.
Ajoutons que maint homme éprouve sort semblable.

VIII.

JEANNE SÉBUS,

ou

L'HÉROÏSME DE LA PIÉTÉ FILIALE.

Les habitans du pays de Clèves se souviendront long-temps de l'inondation du Rhin, dont ils ont été témoins en Janvier 1809. Ce grand désastre a fourni de beaux exemples d'héroïsme et de dévouement. On a conservé surtout celui de *Jeanne Sébus*, jeune fille de dix-sept ans, laquelle, après avoir couru les plus grands dangers pour conserver les jours de sa vieille mère, n'hésita point à s'exposer à un péril certain, dans l'espoir de sauver aussi une autre mère et ses trois enfans, qui allaient être ensevelis dans les eaux. Le souvenir de l'action sublime de cette jeune villageoise, modèle de toutes les vertus, a sans doute mérité d'être transmis à la postérité. On a, en conséquence, érigé à *Jeanne Sébus*, engloutie par les vagues, au moment, où elle s'abandonna de nouveau à leur fureur, un monument simple et modeste, portant une inscription qui énonce les circonstances de sa mort. Ce monument est construit en pierre ainsi que son enceinte, et présente un banc de repos. Une rose blanche, symbole de l'innocence, et des étoiles y sont sculptées sur la façade, de même que l'eau dans laquelle la rose paraît à moitié plongée. Ce monument est élevé sur le lieu de l'évènement, sur un plateau rond et entouré d'une rangée de saules pleureurs. Les muses ont été les premières à payer un tribut d'hommages à cette intéressante victime. L'immortel *Goethe*, dans ses poésies, a célébré le dévouement de *Jeanne Sébus* et voici la complainte, composée à cette époque, par l'auteur de ces feuilles.

Jeunes filles, venez, apportez des guirlandes,
Venez en décorer un pieux monument :
C'est ici la colline, objet de nos offrandes,
Qui consacre à jamais le plus beau dévouement.

Jeanne à peine voyait fleurir dix-sept feuillages ;
Ses grâces, ses vertus attiraient tous les yeux.
Hâtez-vous, jeunes gens, offrez-lui vos hommages ;
Voilà Jeanne qui prend son essor vers les cieux.

Le rigoureux Janvier exerçait sa furie,
Et la glace couvrait et fleuves et ruisseaux,
Quand, du midi bientôt nous amenant la pluie,
Le plus doux vent qui souffle, a dégagé les eaux.

Déjà le Rhin s'accroît ; il inonde la plaine
La glace emporte au loin l'espoir du laboureur :
Dieu! combien de débris en son cours il entraîne!
Un instant a détruit demeure, paix, bonheur.

Voyez-vous ce vieillard qui se penche sur l'onde?
Il lui demande un fils; et cette mère en pleurs,
Qui montre aux flots le sein, dans sa douleur profonde
Leur dit : „Sauvez ses jours et à ce prix je meurs!"

Ici, le jeune amant regrette son amie;
Là, l'épouse à grands cris appelle son époux:
Les pleurs coulent en vain; l'onde, l'onde ennemie
Les regarde couler, sans arrêter ses coups.

Jeanne déjà la voit entourer sa chaumière.
Où l'objet de ses soins, digne d'un meilleur sort,
Gît sur un lit, souffrant: elle vole à sa mère,
L'emporte dans ses bras, et l'arrache à la mort.

Le sentier non frayé reçoit son pas rapide;
Autour d'elle les flots font gronder leur courroux:
Mais Jeanne leur oppose un courage intrépide;
Et Jeanne a tout bravé sous un fardeau si doux.

Son pied atteint le but : la mère, rassurée,
Bénit son cher enfant, le couvre de baisers.
L'héroïne aussitôt, par son coeur inspirée,
L'embrasse, part et court à de nouveaux dangers.

Non loin, sur la colline une mère placée,
Avec ses trois enfans à son cou suspendus,
Se croyait à l'abri de l'onde courroucée,
Lorsque l'onde s'avance à ses yeux éperdus.

Jeanne voit le péril ; son ame en est émue :
Elle vole et combat les glaçons et les flots.
Tu parles, ô raison ! mais sans être entendue ;
L'humanité plus forte exhale ses sanglots.

Jeanne allait triompher, quand la vague voisine
S'augmente et vient mouiller son humble vêtement.
Que dis-je ? le torrent a couvert la colline.
L'infortunée arrive à son dernier moment.

Alors la mère en pleurs, au désespoir livrée,
Sur son sein réunit ses malheureux enfans,
Et, les regards troublés et l'ame déchirée,
Se jette avec les siens dans les flots mugissans.

Jeanne, l'œil vers le ciel, de sa perte certaine,
Trop confiante en Dieu, pour craindre son malheur,
Avec calme et courage attend la mort prochaine,
Sans proférer un mot, qui trahisse son coeur.

Ministre du trépas, de la voûte éclatante
Soudain un ange brille, une palme à la main.
De Jeanne il a reçu l'ame heureuse, innocente,
Et du ciel en triomphe il reprend le chemin.

Elle repose ici, sa poussière chérie ;
Pour Jeanne ici nos mains vont dresser un tombeau :
Nous y peindrons la rose, emblème de sa vie,
Qui, pâle, languira pour expirer sous l'eau.

Quand nous verrons Janvier recommencer l'année,
Sur la colline en foule ici nous nous rendrons,
Jeanne, pour honorer ta vertu couronnée,
Et pour prendre de toi de sublimes leçons.

Jeunes filles, venez, apportez des guirlandes ;
Venez en décorer un pieux monument ;
Voici cette colline, objet de nos offrandes ;
Jurons-y d'imiter un si beau dévoûement.

IX.

LE MENDIANT REBUTÉ.

Chez des dames hospitalières
Un indigent, cherchant à prolonger ses jours,
Joignit les larmes aux prières
Pour obtenir quelque secours.
Tendre et fidèle ami de l'homme,
Un chien suivait l'infortuné Sardon.
Un chien! à son aspect, voici de la maison
L'inhospitalière économe
Faisant un sabat de démon,
Elle gronde et elle injurie

L'humble indigent déjà maltraité par les ans
Et par la fortune ennemie.
„Un gueux, avoir un chien, et puis cela mendie!....
Nourrissez donc bêtes et gens!".
„Pardon! Madame!".... „Allez, on sera charitable,
Lorque vous reviendrez sans cette bête-là."
„Juste ciel!" dit le misérable,
Je m'en séparerais, et qui donc m'aimera?" *)

---

*) En effet, l'homme malheureux, le pauvre abandonné de la nature entière, n'a souvent que son chien pour ami .... Lui seul le console par ses caresses, par sa fidélité, et malgré l'indigence de son maître et quoiqu'il ne puisse partager avec lui qu'un morceau de pain trempé de ses larmes, ce fidèle compagnon de son infortune ne le délaisse pas, et:

„Le chien suit vers la tombe un maître infortuné,
Par des enfans ingrats souvent abandonné!...."

X.

LA PLUS JOLIE.

Personne n'aime autant que moi,
Non personne, je le parie;
Mes amis, savez vous pourquoi?
C'est que j'aime la plus jolie.

J'ai maintefois fait son portrait,
Mais c'est en vain qu'on la copie;
Jamais on ne l'a trait pour trait,
Qu'en disant: c'est la plus jolie.

Son regard fier et gracieux
Présente un charme qui varie;
Mais on voit toujours dans ses yeux
Le regard de la plus jolie.

Simple et superbe tour-à-tour,
A ses traits, oui, chaque air s'allie;
C'est Minerve, puis c'est l'amour,
Eh non, non, c'est la plus jolie.

Elle épuise dans un moment
Et le bon sens et la folie,
Mais elle plait également,
Et c'est toujours la plus jolie.

Si je veux louer son esprit
Orné d'une grace infinie,
Elle se tait et puis sourit,
Pour n'être que la plus jolie.

Mais je ferais mille tableaux
Pour vous dépeindre ma Julie;
Aussi je jette mes pinceaux,
On ne peint point la plus jolie.

XI.

SEIGNEUR ET FERMIER.

CONTE MORAL.

Un honnête et vieux laboureur,
Aussi bon époux que bon père,
Du bien dont il n'était que simple locataire,
Fut renvoyé par son seigneur.
Envain il eut recours aux pleurs, à la prière ;
L'inflexible propriétaire,
En le traitant alors du haut de sa grandeur,
Resta sourd aux cris du malheur,
Et prouva clairement, par son humeur altière,
Que rien ne touche un mauvais cœur.
Mais un beau jour la providence
Rendit justice à tous les deux :

Souvent elle punit comme elle récompense.
    Le laboureur, en d'autres lieux,
Par un travail actif sortait de l'indigence
    Lorsqu'une triste circonstance
    Fit perdre au noble impérieux,
Avec tous ses honneurs, ses moyens d'existence.
    Il fuit dans un état affreux,
    N'ayant plus même l'esperance
De conserver, hélas! des jours trop douloureux;
    Quand le destin, se montrant généreux,
Le guide, à son insu, vers l'humble résidence
Du bon agriculteur devenu plus heureux,
    Qui, stupéfait en sa présence,
Put à peine en croire ses yeux.
„Quoi! c'est vous Monseigneur! que faut-il que je pense
De votre dénûment dont je vois l'apparence?"
    Dit-il, l'accueillant de son mieux.
„Que c'est du ciel, mon cher, une juste vengeance;"
Lui répond le seigneur en pleurs et tout honteux
„Je fus dur envers vous, et de mon arrogance
    Les effets trop injurieux
    Vous plongèrent dans la souffrance;
Loin d'en être touché, je n'étais envieux
    Que d'afficher de l'opulence,
    Fier d'avoir de nobles ayeux.
Le ciel m'en a puni, mon châtiment commence,
    Puisque j'ai besoin à assistance,
    Et que je vous suis odieux."
„— Non, répond le fermier enclin à l'indulgence,
    J'oublie aisément votre offense
    En vous voyant si malheureux :
Demeurez avec nous, ma ménagère est bonne,

„Mes enfans sont laborieux ;
Loin des grands, des ambitieux,
Vous ne redouterez personne
Et vous vivrez en paix." — „A vous je m'abandonne"
Réplique-t-il ému, „vieillard égal aux Dieux,
Devenez mon ami ; désormais, je vous jure,
Je saurai partager vos travaux en culture ;
C'est en vous imitant qu'on devient vertueux ;
Je renonce aux grandeurs qui font les orgueilleux,
Pour être tout à la nature.
Hélas ! je sens trop bien, d'après mon aventure,
Que les biens les plus précieux
Sont ceux que le travail procure."
Dès que nous devenons les victimes du sort,
Mortels, c'est ainsi que nous sommes ;
On est humble alors sans effort ;
Le malheur est comme la mort,
Il met de niveau tous les hommes.

XII.

L'ORPHELIN

Adopté par sa nourrice.

L'air était calme et pur ; les eaux de la rivière
Réfléchissaient l'éclat des derniers feux du jour.
Sous l'ormeau protecteur de son humble chaumière
Rose allaitait un fils joli comme l'amour.

Je m'avance aussi-tôt. D'une main caressante,
A l'enfant qui sourit, je présente une fleur.
Un rien plait aux enfans ; une fleur les enchante.
L'aurore de la vie est l'âge du bonheur.

„Oh comme je voudrais prolonger son enfance !
Me dit Rose, il sourit aujourd'hui dans mes bras ;
Mais si de son destin il avait connaissance,
A l'aspect d'une fleur il ne sourirait pas.

Ses parens habitaient l'asyle solitaire
Que présente à vos yeux ce rivage écarté.
Leurs bienfaits du hameau soulageaient la misère;
Ils ont fait des heureux, et ne l'ont pas été.

Par le crime, bientôt, leur vertu poursuivie,
De la justice en vain sollicite l'appui....
A peine cet enfant avait reçu la vie,
Que son père au cachot est jeté loin de lui.

Sa mère gémissait. On l'entraîne, tremblante,
Elle joint son époux. Ils ont péri tous deux.
Nourrice de leurs fils, du sein qui l'alimente
Pouvais-je repousser ce petit malheureux?

Ah! puisse-t-il long-temps ignorer sa misère!
L'abandonner!.... non! non! mon cœur me le défend.
Il me chérit déjà comme sa propre mère;
Et je l'aime à mon tour comme on aime un enfant."

En achevant ces mots, Rose avec complaisance
Embrassa ce cher fils, quelle avait adopté.
Ravi je m'écriai : non, tant de bienfaisance
Au milieu des palais n'a jamais habité!

XIII.

LA PIÉTÉ FILIALE.

(Dialogue entre un vieillard et une jeune fille.)

LE VIEILLARD.

Que fais-tu là, plaintive et solitaire,
Ma pauvre enfant, d'où naissent tes douleurs?
As-tu perdu ta brebis la plus chère,
Est-ce l'amour qui fait couler tes pleurs?

LA JEUNE FILLE.

L'amour n'a point encor troublé ma vie,
Mon agneau paît loin du loup ravisseur,
Je pleure hélas! une mère chérie
Que ce tombeau renferme avec mon cœur.

LE VIEILLARD.

Viens partager ô jeune infortunée!
Mes soins, mes fruits, le lait de mon troupeau;
Trop faible plante, aux vents abandonnée,
Viens près de moi, je serai ton ormeau.

LA JEUNE FILLE.

Courbé par l'âge, accablé de souffrance,
Mon père hélas! réclame mon secours;
S'il a pris soin d'élever mon enfance,
Mon devoir est de soigner ses vieux jours.

LE VIEILLARD.

Près du tombeau d'une mère adorée
Pourquoi veux-tu sans cesse aigrir tes maux?
Quitte ces lieux; ton ame déchirée
N'y peut trouver que des tourmens nouveaux.

LA JEUNE FILLE.

Ah! dans ce lieu qui seul m'offre des charmes,
De mes regrets j'aime à me pénétrer;
Le bonheur n'est pour moi que dans mes larmes,
Près de ma mère ah! laissez-moi pleurer.

XIV.

LE SAULE PLEUREUR.

Lorsque chacun des dieux prit un arbre en partage,
Alcide, nous dit-on, choisit le peuplier,
Le lierre pour Bacchus déploya son feuillage ;
    Apollon garda le laurier.

De la céleste cour le monarque suprême
Au chêne décerna l'empire des forêts.
Minerve à l'olivier dit : „tu seras l'emblême
    De l'abondance et de la paix."

Le myrthe des amours devint l'heureux symbole,
Il fleurit, cultivé par la main des zéphirs ;
Amans infortunés, il vous reste le saule
    Pour confident de vos soupirs.

Les oiseaux recueillis sous son toit de verdure,
De son tranquille abri n'osent troubler la paix ;
Le ruisseau qui l'arrose, adoucit son murmure,
    Et semble exprimer des regrets.

Oh ! qu'à le voir alors vers la rive chérie
Incliner mollement ses flexibles rameaux,
Comme en cheveux épars on nous peint l'élégie
    Soupirant auprès des tombeaux.

Saule cher et sacré, le deuil est ton partage,
Sois l'arbre des regrets et l'asile des pleurs ;
Tel qu'un fidèle ami, sous ton discret ombrage,
    Accueille et voile nos douleurs.

Des peines, du malheur, l'homme est né tributaire ;
Victimes, à leur tour, de la commune loi,
Ceux même auxquels sourit le sort le plus prospère,
    Viendront soupirer près de toi.

Qui de nous ne voit pas dans sa courte carrière
Disparaître un objet que son cœur a chéri ?
Quel est le froid mortel dont l'ame solitaire
 N'a point à pleurer un ami ?

Et toi crédule amant qu'un nœud si doux engage,
Hâte toi de jouir de ton bonheur d'un jour ;
Si le *myrthe* aujourd'hui te prête son ombrage,
 Demain le *saule* aura son tour.

XV.

ILS SONT PASSÉS!

Ils sont passés les beaux jours de ma vie;
Autour de moi je ne vois que douleur;
Tous mes plaisirs ont suivi mon amie,
Et pour gémir, je n'ai plus que mon cœur.

Ils sont passés! je reste seul au monde;
Que dis-je seul? n'ai-je point mes regrets,
Mes souvenirs, ma tristesse profonde
Et tous les pleurs qui baignent ces couplets?

Ils sont passés ! mon ame désolée
N'aimera plus, ne sentira plus rien.
Bonheur d'amour, félicité passée,
Pour qui vous perd, est-il quelqu'autre bien ?

Ils sont passés ! charmes de la nature,
Fleurs de nos champs, gaîté, folâtres jeux,
Vous redoublez les peines que j'endure,
Vous n'êtes fait que pour les cœurs heureux.

Ils sont passés ! ah, pour l'être sensible
Peine et tourmens, tel est son triste sort ;
L'indifférence est un sommeil paisible,
Je n'aurai donc de sommeil qu'à la mort.

XVI.
A ÉMILIE *).

Quoi, Vous daignez me consoler,
Quoi, mon malheur Vous intéresse?
A vingt ans Vous savez parler
Avec tant d'art et de sagesse?

De Vos yeux partout admirés
J'ai vu s'échapper quelques larmes;
Qui peut tenir à tant de charmes,
Vous êtes belle et Vous pleurez?!

Vertueuse et belle Émilie,
Si vous partagez mon chagrin,
Lors je pardonne à mon destin
Les amertumes de ma vie.

*) Jeune personne douée de talens et de beauté, qui avait consolé l'auteur à l'occasion d'une disgrâce qu'il avait éprouvée.

XVII.

QU'EST-CE QUE LA VIE?

La vie est une comédie
Dont quatre actes forment le cours ;
Le premier est pour la folie
Et le second pour les amours.
L'intérêt remplit le troisième,
C'est l'époque des vains désirs ;
Mais quand on est au quatrième,
On n'a plus que des souvenirs.

Sur le grand théâtre du monde
Chacun de nous est comédien.
En déguisement il abonde,
Car les masques ne coûtent rien.
En vain l'on dit que la figure
De l'ame est toujours le miroir ;
Cette glace n'est pas trop sûre,
Peu de gens savent bien s'y voir.

XVIII.

LE PAPILLON.

Que ton sort est digne d'envie,
Papillon heureux et léger !
Le désir seul règle ta vie,
Et comme lui tu peux changer.
La fleur qui reçoit ton hommage
Te cède son plus doux trésor ;
Jamais un cruel esclavage
N'arrête ton joyeux essor.

Hélas ! une lueur trompeuse
T'attire souvent à la mort ;
Et ton imprudence amoureuse
Dès le soir voit finir ton sort....
Mais sans crainte, sans prévoyance
Tu vis jusqu'au dernier soupir,
Et dans ton heureuse ignorance,
Sans le savoir, tu vas mourir....

XIX.

LA DEMANDE *).

Douce ennemie,
Cruelle amie,
Ton souvenir
Trouble ma vie;
A ma constance
Donne en ce jour
Tendre retour.
Pour récompense,
C'est à genoux
Que je demande
Faveur bien grande,
Un rendez-vous!

*) D'après l'italien.

XX.

ARISTIPPE A LAÏS *).

(Aristippe, à peine rentré dans les murs d'Athènes, voulut signaler son retour par un festin pompeux. Il écrivit à la célèbre courtisane Laïs:)

Vous êtes belle, je vous aime,
Et je vous possède pour moi.
Je sais que vous m'aimez de même,
Vous faites bien, chacun pour soi!

---

*) Traduit d'un manuscrit latin, trouvé parmi ceux déposés à la bibliothèque royale à Paris.

Prenons notre part de la vie,
Sans songer à celle d'autrui;
Soyez votre meilleure amie,
Comme moi mon meilleur ami.

Gardons nos sens pour la jeunesse,
La volupté pour nos désirs;
L'esprit pour la délicatesse,
Le cœur pour nos menus plaisirs.

L'amour vous invite à ma table;
Ayez y votre art séducteur,
Vos talens, votre esprit aimable,
Et si vous voulez, votre cœur.

XXI.

CONSEIL AUX JEUNES GENS.

Voulez-vous posséder une compagne aimable
En biens, en talens, en beauté?
Cherchez la médiocrité....
Que son cœur seul soit inappréciable,
Défiez-vous surtout de la célébrité *);
Le silence et l'obscurité
Rendent seuls le bonheur durable.
On ne conserve point une femme *adorable;*
Ce trésor appartient à la société.

Mais bonne femme est une rareté
Dont l'apparence et la vertu modeste
Ne tendent pas à la vanité.
Laissez-la s'éblouir d'un éclat emprunté;
La beauté fuit, la bonté reste,
Et le temps fait chérir la médiocrité.

―――――――

*) *Des femmes-auteurs*, dont Dieu préserve tout homme de bien, père de famille !!!

XXII.

BIEN HEUREUX QUI N'EN A PAS !

Heureux qui, né dans l'aisance,
A de l'or en abondance ;
Car l'or dans tous les pays
Nous donne plaisirs, amis.
Mais ce métal sait produire
Tant d'envieux et d'ingrats,
Qu'au sein de l'or on peut dire :
Bien heureux qui n'en a pas !

Heureux un bon militaire
Qui vaillamment à la guerre
Va défendre nos états,
Sans redouter les combats.
Mais quand après le carnage
On le voit sans nez, sans bras,
Je dis, en fait de courage :
Bien heureux qui n'en a pas !

Heureux qui dans son ménage
Prend femme docile et sage,
Car la sagesse ici-bas
Est préférable aux appas.
Mais vos pieds mignons, Mesdames,
Sont si sujets aux faux pas,
Qu'on dit en voyant les femmes:
Bien heureux qui n'en a pas!

Heureux qui par son génie
Vaut toute une académie *);
Celui de Napoléon
Immortalisa son nom.
Mais vois-je un héros de ville,
Sans esprit, faire embarras;
Je dis comme l'évangile:
Bien heureux qui n'en a pas!

---

*) Ce qui parfois ne serait pas chose impossible, surtout en se rapellant le bon-mot de *Piron*, en parlant de l'académie française: „*ils sont quarante, qui ont de l'esprit comme quatre.*" Ne pourrait-on pas en dire autant de mainte autre académie???

XXIII.

LE SERMENT INUTILE.

Sur une feuille de rose
Lise un jour grava ces traits:
Tel époux qu'on me propose,
Non, je n'aimerai jamais!
Mais elle finit à peine,
Qu'un zéphir au même instant
Emporta de son haleine
La feuille avec son serment.

XXIV.

LA VIOLETTE.

Aimable fille du printems,
Timide amante des bocages,
Ton doux parfum flatte nos sens,
Et tu sembles fuir nos hommages.

Semblable au bienfaiteur discret,
Dont la main secourt l'indigence,
Tu nous présentes un bienfait,
Et tu crains la reconnaissance.

Sans faste, sans admirateur,
Tu vis à l'oublie condamnée,
Et l'œil encor cherche ta fleur
Quand l'odorat l'a devinée.

Pourquoi tes modestes couleurs
Au jour n'osent-elles paraître ?
Auprès de la reine des fleurs
Crains-tu de t'éclipser peut-être ?

C'est à tort, car près de Vénus
Les grâces nous plaisent encore ;
On aime l'éclat de Phébus
Et les doux rayons de l'aurore.

Que te font les succès brillans
Qu'obtient la rose purpurine ?
Tu n'es pas la fleur des amans,
Mais aussi tu n'as pas d'épine.

Partage aumoins avec ta sœur
Son triomphe et notre suffrage ;
Si l'amour l'adopte pour sœur,
De l'amitié sois l'apanage.

Sois la reine de ces bosquets
Tu l'embellis ô fleur chérie !
Heureux qui répand des bienfaits,
Et comme toi cache sa vie !

XXV.
VOULOIR, SAVOIR.

Sans le vouloir,
Jeune beauté devient sensible
A l'amour qui vient émouvoir
Son cœur jusques alors paisible,
  Sans le savoir.

Sans le vouloir,
Elle écoute un amant volage,
Qui bientôt, flattant son espoir,
Fait tant.... qu'enfin elle s'engage
  Sans le savoir.

Sans le vouloir
Trop tôt son amant se dégage;
La pauvrette est au désespoir.
Elle pleure et tout bas enrage
  D'en trop savoir!

XXVI.

L'ŒILLET ET LA ROSE.

    Un œillet
    Très coquet
Un beau jour dit à la rose
    Fraiche éclose :
„Les amours suivent vos pas
Et l'on me délaisse hélas!
Cependant, belle voisine,
    Mainte épine
Défend vos jeunes appas."
„Apprenez, répondit-elle,
Qu'à cette épine rebelle
Un doux attrait est lié :
    Une belle
Un peu rebelle
Est plus aimable de moitié."

XXVII.

LA ROSE *).

Vous dont la gloire est d'être belle,
D'un sexe aimable jeune fleur,
Prenez la rose pour modèle;
Son éclat naît de sa pudeur.
Cet ornement de la nature,
Se cachant sous un arbrisseau,
Pour conserver sa beauté pure,
D'épines arma son berceau.
Riche des présens de l'aurore,
Tant qu'elle fuit le dieu du jour;
Moins on la voit, plus on l'honore;
La sagesse enflamme l'amour.

*) D'après l'italien.

Les grâces, toujours innocentes,
Font mille heureux pour un jaloux;
Rose est le bouquet des amantes
Et la couronne des époux;
Des jardins la fleur la plus belle,
Des autels le plus doux encens;
La nature a tout mis en elle
Pour plaire seule à tous les sens.
L'oiseau qui voit naître la rose,
La chante au lever du soleil;
L'abeille vole et se repose
Au sein de son bouton vermeil.
Chaque soir l'aile du zéphire
De la rose appaise les feux,
Et les parfums qu'il y respire,
Embaument son souffle amoureux.
Le ruisseau s'arrête ou serpente,
Ravi de la voir sur ses bords;
Cent fois son onde transparente
Effleure et baigne ses trésors;
Mais si, dès qu'elle vient d'éclore,
La main furtive de l'amour
L'enlève aux caresses de Flore,
Lors sa beauté ne vit qu'un jour.
Puisse donc l'amant qui l'admire,
L'oiseau qui la chante au matin,
Le ruisseau, l'abeille et zéphire
La retrouver le lendemain.

XXVIII.

LE PORTRAIT DE L'HYMEN,
historiette allégorique.

  Aux pieds d'une jeune beauté,
  Sur les autels du mariage,
  Près d'y perdre sa liberté,
Dercourt voulut chez lui du dieu placer l'image.
Un peintre fut chargé de ce facile ouvrage.
Quand il eut à Dercourt apporté son tableau,
„L'hymen," dit celui-ci, „m'avait paru plus beau,
Eh pourquoi donc en faire un grave personnage,
Si vieux, si triste?.... Il faut le rajeunir."
L'artiste ne dit rien, promet de revenir,
Et deux mois expirés, rapporte son ouvrage.
„O ciel!" s'écrie alors l'époux très-mécontent:
  (Très-mécontent du mariage,)

„Je demandais *l'hymen,* Vous m'offrez un enfant !
Jamais portrait ne fut moins ressemblant.
Vous vous êtes trompé, je gage :
C'est l'amour ; oui, son air tendre et charmant."
Il faut le dire cependant :
Le peintre en homme vraiment sage,
Connaissant les effets de deux mois de ménage,
N'avait à son tableau fait aucun changement.

XXIX.

CONDITIO SINE QUA NON!

Un rentier prit à son service
Un garçon un peu sot, dégourdi comme un suisse.
„Sois sage, mon ami, lors je te donnerai
Bons gages, nourriture, et je *t'habillerai.*"
Le lendemain matin, le maître éveillé, sonne.
Point de valet. Il jure, il apelle; personne.
„Serait-il mort?" Il monte et voit qu'entre deux draps
Son drôle se dorlote aussi frais qu'une nonne.
„Comment? à te sonner, quand je me romps les bras,
Tu restes là maraud, dans ta coquille?"
„Mais mon maître, à tort vous criez;
Pouvais-je nu?".... „Faut-il, coquin, que je t'habille?
Vous m'avez dit, Monsieur, que vous *m'habilleriez.*"

XXX.

L'ESPRIT ET LES GRÂCES.

Dans les bois de Paphos on dit
Que Vénus trouva sur sa route
Ce dieu que l'on appelle Esprit :
Il fuyait quelqu'auteur sans doute.
Voilà l'Esprit, en souriant
Dirent les Grâces ingénues ;
Quoi ! seul ici ? Mais cependant
Ne dit-on pas qu'il court les rues ?

Des Jeux, des Ris et de sa Cour
La déesse était entourée;
Plutus, enchaîné par l'Amour,
Suivait le char de Cythérée;
L'Esprit était seul et rêveur,
Et sa tournure assez commune
N'offrait point l'éclat du bonheur:
L'Esprit fait rarement fortune.

L'Esprit quelquefois est peureux:
En les voyant il prit la fuite.
Hé! vite, dit l'Amour aux Jeux,
Courons, volons à sa poursuite;
Mais de loin le Dieu, sans effroi,
Leur criait: „Je n'ai rien à craindre;
C'est lorsque l'on court après moi
Qu'il est moins aisé de m'atteindre."

Fatigué de courir en vain,
Cupidon reprenait haleine,
Quand l'Esprit reparut soudain,
Et lui dit: „Je ris de ta peine;
De Vénus je chéris la loi;
Et je cherchais ici ses traces;
De l'Esprit le plus doux emploi
N'est-il pas de chanter les Grâces?"

„Grâces, Vénus, Amour charmant,
Embrasez le feu qui m'éclaire;
Ah! sans vous, sans le sentiment,
L'Esprit se flatte en vain de plaire;
Pour payer vos tendres faveurs,
Je servirai votre délire;
Les Grâces soumettent les cœurs,
L'Esprit conserve leur empire."

„Pour vous il est doux de brûler,
Chacun rend cet hommage aux belles;
Mais lorsqu'amour veut s'envoler,
Moi seul le retiens par les ailes!
Profitez de cette leçon
Et prisez moins vos avantages;
La beauté n'a qu'une saison,
Mais l'Esprit est de tous les âges.

XXXI.

SUR LE NOM DE MARIE.

De *Marie* ayant cru long-tems
Que le nom cachait un mystère,
Je m'en fis expliquer le sens
Par le malin dieu de Cythère.
„Ce nom, dit-il, fait pour charmer,
Convient à la plus tendre amie;
Apprends que le doux mot *aimer*
  Est l'anagrame de *Marie*.

XXXII.

ONAH ET THADY, OU: LE PETIT COCHON ET LE POT AU LAIT.

Onah, la rose du jour,
Bonne, naïve, jolie,
Faisait mourir tour à tour
Les jeunes garçons d'amour,
Les filles de jalousie.
Onah plait sans le savoir;
C'est l'enfant de la nature,
Ses cheveux ont pour parure
Un chapeau mis sans miroir :
Sur sa jupe de dimanche
Elle ajuste un beau corset,
Prison, où sa gorge blanche
Lutte contre le lacet.

A Paris, quelle coquette
A si bon marché plairait ?
Sans plus d'atours, ni toilette,
Onah partit un matin
Pour aller au bourg voisin,
D'un pot au lait faire emplète.
Le saint du lieu se fêtait,
C'était le jour de la foire ;
Et, comme vous devez croire,
Le soir vient : à son village
Onah veut s'en retourner.
Thady veut la ramener.
Ils sont tous deux du même âge,
Ils sont charmans tous les deux :
On dirait que la nature,
A plaisir, de leur figure
Arrangea les traits heureux.
Sur un modèle moins tendre
Thady paraît fait pourtant,
Les filles, en le voyant,
Avaient leur cœur à défendre.
Son teint est mâle et noirci,
Sa prunelle est vive et fière,
Mais sous sa longue paupière
Son regard est adouci.
Il rapportait de la foire
Un petit cochon bien gras,
Et (ce qui tient à l'histoire)
Il le portait sous son bras.
La jeune Onah sur son guide
S'appuyait, douce et timide :
Pour Thady, léger fardeau ;

Et tous deux, pleins d'innocence,
Cheminaient, sans défiance,
Vers le paisible hameau.
„Onah, dit Thady, je pense
Qu'en prenant ce petit bois
Nous gagnerons quelque avance,
Car il se fait tard, je crois."
Quel parti prendre et que faire?
Fillette qui craint sa mère
Ne veut pas arriver tard.
Pressentiment ou hasard,
Onah veut la grande route,
Thady le sentier du bois:
Hélas! des dangers du choix
On dirait qu'elle se doute.
On prend le plus court chemin;
Onah n'est pas courageuse,
Thady, sous sa main heureuse,
Sent trembler un joli sein.
De voleurs qu'un bois fourmille,
Onah craint peu les poignards,
Mais elle sait qu'une fille
Peut courir d'autres hasards.
Thady, plein de bonhomie,
Son cochon dessous son bras,
Jure à sa gentille amie
Que son corps la couvrira,
Fût-ce au péril de sa vie.
Alors Onah vers les cieux
Levant ses jolis yeux bleus:
„Thady, suis-je la première,
Dit-elle, qui par malheur,

Rencontrant un séducteur
Au fond d'un bois solitaire,
Aurait pleuré son honneur?
Ici tout nous abandonne :
On aurait beau supplier,
C'est en vain; une personne
Perdrait son temps à crier."
— „Parbleu, vous êtes bien bonne
De vous alarmer ainsi ;
Ne craignez-rien! dit Thady;
Et puis d'ailleurs n'ai-je pas
Ce cochon dessous mon bras?
Si j'allais le mettre à terre,
Quel serait mon embarras?"
— „Mais, dit Onah, si le diable,
Thady, vous disait un mot,
Et que vous fussiez capable
De le cacher sous mon pot...."
Le diable parla sans doute;....
Le bois sut ce qu'il a dit.
Et l'on a su qu'à la nuit
Ils étaient encore en route.

XXXIII.

VERS
ADRESSÉS EN 1833 A S. M. LE ROI DE PRUSSE.

L'aigle, après une course aux plaines de l'orage,
Reposait au sommet de l'arbre de Daphné.
Errant au gré des flots, j'allais faire naufrage;
Des horreurs du trépas j'étais environné!....
Touché de mes efforts pour gagner le rivage,
L'aigle vint au secours du pauvre naufragé :
Il cueillit un rameau du glorieux branchage,
Le tend à mon secours et.... je me vis sauvé!....
Mais quel hommage offrir à l'oiseau magnanime,
Dont les soins généreux et l'appui bienveillant
Ont voulu me soustraire à cet affreux abyme?....
Il ne me reste hélas! qu'un cœur reconnaissant!....

XXXIV.

VERS
SUR S. M. LE ROI DE PRUSSE,
FAITS LE TROIS AOUT 1827.

Tu cherches sur la terre un prince juste et sage,
Grand dans l'adversité, modèle du chrétien ;
Du malheur qui l'implore équitable soutien,
De la divinité la consolante image ;
Vois *Frédéric-Guillaume*, et ne cherche plus rien.

XXXV.

VOEUX AU ROI
FRÉDÉRIC-GUILLAUME III.
A l'anniversaire du trois août 1836.

Pourquoi ce jour est-il partout fêté ?....
Dans les palais et sous le chaume
On entend le cri répété :
Vive l'excellent *Frédéric-Guillaume*.

Si le trois août est un jour de bonheur
Pour tout ce qui respire sous *Ses* lois,
Ce bonheur fait l'éloge de *Son* cœur ;
Certes, il ne l'est pas pour *tous* les Rois!

Chaque année il se renouvelle
Ce jour si cher à *Ses* sujets ;
Chaque an cette fête si belle
Devient l'objet de leurs apprêts.

Leurs vœux s'adressent à la providence
Qui protége les Princes vertueux ;
Que Dieu conserve long-temps l'existence
D'un Roi, l'appui de tous les malheureux ! *)

---

*) A quoi bon répéter de tels éloges, lors même qu'ils sont mérités ? De nos jours les Princes ne tiennent fréquemment point compte du bien que l'on dit d'eux ni du dévouement qu'on leur témoigne ; on n'en éprouve souvent qu'ingratitude, refus, et procédés peu généreux ! .... Sachons nous consoler par de nobles exemples d'un ingrat abandon : Homère mendia dans les bourgades de la Grèce sa gloire, en chantant ses immortels poèmes. Le Dante exilé montait et redescendait le seuil de l'étranger en mangeant le pain amer de la compassion. Le Tasse mourut à l'hôpital, et Milton n'a dû qu'à l'oubli qui couvrit ses derniers jours, de n'être pas devenu la victime de sanglantes réactions....

XXXVI.

A JULIE ***.

L'amour a formé vos appas,
A l'art ils servent de modèle *);
Les grâces y font sentinelle,
Pour que le temps n'y touche pas.

XXXVII.

A LA MÊME.

Des grâces qu'on vante beaucoup,
On a fixé le nombre à *trois;*
Si cela fut tel autrefois,
Moi, je n'entends point en rabattre;
Je Vous ai vue, et pour le coup
Je prétends qu'il y en a *quatre.*

---

*) Qui avait servie de modèle à un peintre pour une *Hébé.*

XXXVIII.
JUPITER ET L'AMOUR,
QUATRAIN MYTHOLOGIQUE.

„Fils de Vénus! ta malice est insigne;
Je t'ôterai ton arc" dit Jupiter un jour.
„Ose," lui répliqua l'amour.
„Maître des cieux, je te fais cigne."

XXXIX.
L'AIGLE ET LE LIMAÇON.

„Sur la cime d'un chêne un limaçon grimpé
Fut par un aigle apperçu d'aventure;
„Comment à ce haut poste, oubliant ta nature,
T'es-tu donc élevé?" dit l'oiseau. „J'ai rampé!... *)"

---

*) Un conte sans morale est peu de notre goût!....
Médiocre et rampant et l'on parvient à tout!....

XL.
VERS A METTRE SUR UN PORTE-FEUILLE.

Des secrets de l'amour je suis dépositaire ;
Rejette à mon aspect tout désir curieux ;
La foudre punirait un regard téméraire :
Les secrets des amans sont les secrets des dieux.

XLI.
ÉPITAPHE
de la fille de l'auteur, morte au berceau.

Ci gît qui, bien digne d'envie,
Mourut exempte de douleurs,
Et trouva le repos aux portes de la vie,
Sans l'acheter par des malheurs !....

XLII.

A JULIE ***
au nouvel an de 18..

Au premier jour de l'an on peut dire qu'on aime;
J'use donc avec Vous d'un droit si plein d'appas;
Les autres jours je ne le dirai pas,
Mais je le penserai de même.

XLIII.

A LA MÊME.

Qui Vous voit une fois
Est à Vous sans partage ;
Et quand on aurait fait un choix,
Pour n'adorer que Vous, on deviendrait volage.

Vos beaux yeux inspirent l'amour,
Ils commandent vive tendresse ;
Leur doux regard fait tour-à-tour
Naître la joie et la tristesse.

Pour Dieu, ne me regardez plus
Avec ces yeux si pleins de charmes ;
Mes soins deviennent superflus
Pour braver si puissantes armes !

XLIV.

LE BON VIEUX TEMPS.

    Autrefois aux pieds de nos belles
On perdait son temps et ses frais ;
Mais aujourd'hui les plus cruelles
Entendent mieux leurs intérêts....
On ne trouve plus d'inhumaine,
On aime, on plait en peu de temps.
Or mes amis, est-ce la peine
De regretter le bon vieux temps ?

    Jadis la beauté ridicule
Voilait gauchement ses appas ;
On montre aujourd'hui sans scrupule
Un beau sein et de jolis bras....
La licence a banni la gêne,
Tous les costumes sont décens.
Pour la décence est-ce la peine
De regretter le bon vieux temps ?

XLV.

AU BARON *** A PARIS,
en lui adressant un exemplaire de ces feuilles.

Vous aimez les bons vers, Vous en faites Vous-même;
Je n'ai point ce talent; aussi quand vos écrits
Au temple de mémoire un jour seront inscrits,
Je verrai dans l'oubli se perdre ce que j'aime;
Mes ouvrages mourront!.... Je m'en consolerai
D'autant plus aisément, qu'alors je Vous lirai:
Muse aimable, facile, élégante et légère;
Avec transport je Vous applaudirai,
Sans doute aussi je me dirai
Dans le doux souvenir qui viendra me distraire:
„Bien qu'il m'encouragea, je ne savais rien faire,
J'avais, pour m'illustrer, un esprit trop borné;
Pour admirer le sien, seulement j'étais né;
Le reste ne m'importe guère."

XLVI.

STANCES *)
SUR LA DEVISE DE FEU LE PRINCE-PRIMAT :

(„*Prie et travaille.*")

Prie et travaille, est la devise heureuse
D'un noble cœur, d'un esprit éclairé :
C'est d'une vie et pure et généreuse
L'art, le devoir et le bonheur sacré.

---

*) C'est peut-être un de ces jeux du hasard dignes d'être cités, que l'auteur de ces stances faites il y a plus de vingt ans, se trouve être aujourd'hui accidentellement habitant d'une cité jadis honorée par la présence de feu le Prince-primat, et où la mémoire de ce digne et respectable prélat est en grande vénération. C'est toujours avec un sentiment de respect que je revois les lieux où il aimait à se promener. De ce nombre est une partie du chemin qui conduit de la ville d'Erfort vers une hauteur boisée, appelée le *Steiger*, et laquelle porte le nom de *Dalbergs-Weg*.

Prie et travaille, était dans le vieil âge
Ce que disaient nos guerriers valeureux :
Ils priaient même au milieu du carnage,
Et pour l'honneur ils en travaillaient mieux.

Prie et travaille, est ce que l'on répète
Au malheureux qui réclame un peu d'or.
Et ce conseil, que souvent il rejette,
S'il le suivait, lui vaudrait un trésor.

Prie et travaille, est le refrain du sage :
Faibles mortels, redites-le tout bas.
Ceux dont l'erreur fut l'éternel partage,
Ne prient guère et ne travaillent pas.

Prie et travaille, ô toi que peut surprendre,
Loin d'un époux, le monde ou le plaisir !
Par la prière occupe un cœur trop tendre,
Par le travail un dangereux loisir.

Prie et travaille, en tes sombres retraites,
Beauté qu'à Dieu l'on veut sacrifier :
Crains en priant les biens que tu regrettes,
En travaillant, cherche à les oublier.

Prie et travaille, homme vain, femme altière,
Riche, qu'entoure un pompeux attirail;
Que reste-t-il à notre heure dernière
Hors la prière et les fruits du travail?

Prie et travaille, ou redoute le blâme,
Avec raison enfin on le redit:
Car la prière est l'aliment de l'ame,
Et le travail le repos de l'esprit.

XLVII.

LA POÉSIE EN DÉFAUT,
IMITATION ABRÉGÉE DE LA POÉSIE DE SCHILLER:

„*Le partage de la terre* *)."

Quand Jupiter eut pris le soin
D'assigner aux talens leur rang auprès de l'homme,
Celui qui méritait la pomme,
La poésie était demeurée en un coin;
Elle fut oubliée étant si peu connue.
Jupin lui dit: „ô toi que la lyre accompagne,
Je ne puis te doter, les rangs sont déjà pris;
Demeure auprès de moi, tu seras ma compagne
Et tu rehausseras le prix
De l'Olympe où toujours tu seras bien reçue."

---

*) Imitation bien imparfaite à la vérité, et très inférieure à la traduction qui se trouve page 83 de la première partie.

XLVIII.

SOUPIRS D'AMOUR *).

Mon cœur soupire
La nuit, le jour ;
Qui peut me dire
Si c'est d'amour ? (bis)

Un doux délire
La nuit, le jour,
Semble me dire :
Connais l'amour. (bis)

Dans mon martyre
La nuit, le jour,
Je ne soupire
Qu'après l'amour. (bis)

*) Mis en musique par feu Della-Maria.

XLIX.

ROMANCE.

(De la traduction de l'auteur du „*pouls*" ou „*le médecin par excellence*" comédie de Babo.)

Je ne te vois plus sourire,
Tu gémis la nuit, le jour;
En toi tout semble me dire:
Que tu t'immoles à l'amour.

Ah, du mal qui te dévore,
Hélas! j'éprouve aussi les traits;
Un espoir te reste encore,
Lorsque je n'ai que des regrets.

Ecoute la voix timide
De l'amante chère à ton cœur;
Si tu fuis Adélaïde,
Tu retrouveras le bonheur.

L.

LES REGRETS D'UNE VEUVE.

Qu'une veuve hélas! est à plaindre!
Pour elle il n'est plus de plaisir.
La décence lui dit d'éteindre
Jusqu'au plus innocent désir.
Puisqu'un mari peut nous soustraire
A cet esclavage importun,
Quand on est dans l'âge de plaire,
Moi je prétends qu'il en faut un.
Un mari souvent est un maître;
Mais il est toujours notre appui.
Sans nous, il peut tout se permettre,
Mais nous ne pouvons rien sans lui.
Fût-il vieux et d'humeur jalouse,
N'y regardons pas de si près.
Tel qu'il est, d'abord on l'épouse,
Et s'il se peut, on l'aime après.

CONTENU.

I. *Poésies de Schiller.*

		pag.
I.	L'Étrangère	3
II.	Le secret	5
III.	La rencontre	7
IV.	Héro et Léandre	9
V.	Le plongeur	23
VI.	Le chevalier de Toggenbourg	31
VII.	Dignité des femmes	35
VIII.	L'attente	38
IX.	Le gant	42
X.	Les grues d'Ibycus	45
XI.	Fridolin, ou l'Usine	54
XII.	La caution	65
XIII.	Plaintes de Cérès	71
XIV.	Cassandre	77
XV.	Le partage de la terre	83
XVI.	La fille infanticide	86
XVII.	Le chant de victoire	92
XVIII.	Le chant de la cloche	99
XIX.	Le comte de Hababourg	116
XX.	A un enfant	123
XXI.	Le salut du revenant, d'après l'allemand de Gœthe	124

II. *Essais Poétiques.*

I.	Les regrets, élégie	127
II.	Autre élégie	129
III.	Troisième élégie	130
IV.	Consolations dans l'adversité	131
	1. Le bonheur illusoire	131
	2. Le souvenir	132
	3. L'amitié	133
	4. Le sommeil	134
	5. Les larmes	135
	6. L'espérance	136
	7. La reconnaissance	137

		page
V.	L'amour et l'amitié	138
VI.	Les deux sources	139
VII.	Les deux chiens	141
VIII.	Jeanne Sébus	143
IX.	Le mendiant rebuté	148
X.	La plus jolie	150
XI.	Seigneur et fermier	152
XII.	L'orphelin adopté par sa nourrice	155
XIII.	La piété filiale	157
XIV.	Le saule pleureur	159
XV.	Ils sont passés	162
XVI.	A Emilie	164
XVII.	Qu'est-ce que la vie?	165
XVIII.	Le papillon	166
XIX.	La demande	167
XX.	Aristippe à Laïs	168
XXI.	Conseil aux jeunes gens	170
XXII.	Bien heureux qui n'en a pas	171
XXIII.	Le serment inutile	173
XXIV.	La violette	174
XXV.	Vouloir, savoir!	176
XXVI.	L'œillet et la rose	177
XXVII.	La Rose	178
XXVIII.	Le portrait de l'hymen	180
XXIX.	Conditio sine qua non!	182
XXX.	L'Esprit et les Grâces	183
XXXI.	Sur le nom de Marie	186
XXXII.	Onah et Thady, ou: le petit cochon et le pot au lait	187
XXXIII.	Vers adressés en 1822 à S. M. le Roi de Prusse	191
XXXIV.	Vers sur S. M. le Roi de Prusse	192
XXXV.	Vœux au Roi Frédéric-Guillaume III. à l'annniversaire du trois août 1836	193
XXXVI.	A Julie ***	195
XXXVII.	A la même	195
XXXVIII.	Jupiter et l'amour	196
XXXIX.	L'aigle et le limaçon	196
XXXX.	Vers à mettre sur un porte-feuille	197

		page
XXXXI.	Epitaphe de la fille de l'auteur, morte au berceau	197
XXXXII.	A Julie ***	198
XXXXIII.	A la même	199
XXXXIV.	Le bon vieux temps	200
XXXXV.	Au Baron *** à Paris, en lui adressant un exemplaire de ces feuilles	201
XXXXVI.	Stances sur la devise de feu le Prince Primat	202
XXXXVII.	La poésie en défaut	205
XXXXVIII.	Soupris d'amour	206
XXXXIX.	Romance	207
L.	Les regrets d'une veuve	208

ERRATA.

Page 1 ligne 1 d'en haut lisez : *Étrangère* au lieu de *Etrangère*
 " 16 ligne 2 d'en haut lisez : *régnant* au lieu de *regnant*
 " 19 deuxième strophe, vers quatre lisez : *Des flots d'apaiser le courroux*
 " 81 ligne 5 d'en bas lisez : *écouter* au lieu de *ecouter*
 " 42 ligne 1 d'en haut lisez : *François* au lieu de *Français*
 " 73 ligne 4 d'en bas lisez : *encore* au lieu de *encor*
 " 98 ligne 4 d'en haut lisez : *encor* au lieu de *encore*
 " 104 ligne 11 d'en bas lisez : *lui* au lieu de *soi*
 " 114 ligne 2 d'en haut lisez : *et* baptisons
 " 118 ligne 11 d'en haut lisez : *répond* au lieu de *repond*
 " 135 ligne 5 d'en bas lisez : *mêlez* au lieu de *mêlez*
 " 136 dernier vers lisez : *encor* au lieu de *encore*
 " 139 à la fin du troisième vers ajoutez *croupissaient*
 " 153 ligne 8 d'en haut lisez : *l'espérance* au lieu de *l'esperance*
 " 153 ligne 6 d'en bas lisez : *d'assistance* au lieu de *à assistance*
 " 154 ligne 5 d'en haut lisez : *repliqua-t-il* au lieu de *répliqua-t-il*
 " 163 ligne 3 d'en bas lisez : *peines, tourmens* au lieu de *peine et tourmens*
 " 170 ligne 4 d'en bas lisez : *ne prétendent* au lieu de *ne tendent*.

www.ingramcontent.com/pod-product-compliance
Lightning Source LLC
Chambersburg PA
CBHW051920160426
43198CB00012B/1979